Auf dem Feuerschiff

Herman Knickerbocker Vielé

Writat

Diese Ausgabe erschien im Jahr 2023

ISBN: 9789359251882

Herausgegeben von
Writat
E-Mail: info@writat.com

Glücklich

EINFÜHRUNG

„An Bord des Feuerschiffs" ist der Titel, den der Autor dieser Geschichtensammlung in liebevoller Rücksichtnahme auf seine Absicht gegeben hat. Hätte Vielé nur eine Weile länger gelebt, hätte er dies damit gerechtfertigt, dass er sie in eine charakteristisch fantastische und charakteristisch originelle Umgebung versetzte.

Er hatte geplant, sie in eine umfassende Geschichte zu fassen, in der die zufällige Zusammenkunft an Bord eines Schiffes dieser ungewöhnlichen Art einer heterogenen Gesellschaft beschrieben und gebührend dargelegt wurde; und – indem er auf seine eigene phantasievolle Weise Bedingungen überzeugend beseitigte, die nicht genau mit der strengsten Wahrscheinlichkeit übereinstimmten – die verschiedenen Geschichten so in ihren Umkreis einzupassen, dass das Erzählen von ihnen wiederum leicht und natürlich von jenen Upcasts der USA gekommen wäre Meer.

Es war ein Projekt ganz nach seinem Herzen. Ich kann mir die Freude vorstellen, die er daran gehabt hätte, seine Maschinen zu bedienen – immer außer Sichtweite und immer mit stiller Geschmeidigkeit laufend –, um an diesem seltsamen Ort seine Gesellschaft von Geschichtenerzählern zusammenzubringen. Er hätte natürlich das Feuerschiff und die Lichtwächter als sein festes Fundament genutzt. Schiff und Besatzung wären auf eine sachliche Art und Weise dargestellt worden, die ihrer anerkannten sachlichen Existenz entsprach, die den Lesern auf subtile Weise die Gewohnheit des Glaubens eingeflößt und sie so geführt hätte Leise ging er weiter, in gewisser Weise hypnotisiert, zu einem gleichwertigen Glauben – während er leichtfüßig, mit scheinbar der gleichen Einfachheit und der gleichen Unbefangenheit vorankam – in Erklärungen, die mit Sicherheit nicht sachlich gewesen wären, wie es zu diesen Geschichtenerzählern gekommen wäre auf dem Meer auf freiem Fuß zu sein, bevor sie an Bord genommen wurden!

Soweit kann ich ihm folgen, aber das Spiel der Fantasie, das er in seine Erklärungen einfließen lassen würde – als er auf alle möglichen, wahrscheinlich unmöglichen Arten darlegte, wie solches Treibgut treiben und an Bord des Feuerschiffs geborgen werden konnte –, hätte es getan war so völlig das Spiel seiner eigenen wachen individuellen Fantasie, dass es außerhalb meines Verständnisses liegt. Ich kann mir nur sicher sein – und ich bin mir sehr sicher –, dass seine Erklärungen zu diesem Meeresphänomen und dem Aufstieg seiner verschiedenen Mitglieder aus dem Meer und über die Schiffsreling sehr erfreulich und sehr fadenscheinig gewesen wären befriedigend. Dass die Erklärungen bei einer kritischen Analyse möglicherweise weniger überzeugend waren, ist ein vernachlässigbares Detail: Die einzige wesentliche Anforderung an eine fantastische Geschichte besteht darin, dass sie im weiteren Verlauf überzeugend sein muss.

Sogar mein kurzer Abriss dieser Geschichte – die jetzt nie erzählt wird – zeigt, wie harmonisch sie mit Vielés literarischer Methode übereinstimmt. Es machte ihm Freude, zart phantastische Bedingungen zu schaffen, die leicht an das Unmögliche grenzten; und nachdem er sie erschaffen hatte, löste er ihre Elemente so in das scheinbar Alltägliche und scheinbar Wahrscheinliche auf, dass die feine Kunst, mit der er seine Transmutationen durchführte, durch die Vollkommenheit seiner Vollendung verschleiert wurde.

Dies war die Methode, die er bei der Entstehung dessen anwandte, was ich als sein Meisterwerk schätze: „The Inn of the Silver Moon" – eine Geschichte, die so einfach und so direkt und mit einer so einnehmenden Offenheit erzählt wird, dass jede Wendung in seiner Reihe leichtfertig angepasster unmöglicher Situationen wird es mit bedingungsloser Freude hingenommen; und das hinterlässt im Geist des Lesers einen bleibenden Eindruck der Wahrheit – selbst wenn er von dem Bann befreit ist, der den Glauben während der gesamten Lektüre verstärkt. Es war genau die Methode einer exquisiten Form literarischer Kunst, die, wie ich mit Nachdruck behaupte, seit der Zeit der sogenannten romantischen Schule in Deutschland nicht perfekter geblüht hat: als de la Motte Fouqué „Undine" schuf und Eichendorff schuf das „Nichtsnutz" und die ganze Welt ging in fröhlichem Tempo zu heller, sanfter Musik über, die fast dreihundert Jahre lang verstummt war.

Abgesehen von der Tatsache, dass es sich um dasselbe Genre handelt, wäre es eine zu große Herabwürdigung, „The Inn of the Silver Moon" mit „Undine" gleichzusetzen; Aber wenn man es mit „Aus dem Leben eines Tongenichts" gleichsetzt, vergleicht man es mit seinem Favoriten: Da Eichendorffs Happy End ein wenig gezwungen und ein wenig kitschig ist; Vielés glückliches Ende hingegen ist ebenso unvermeidlich wie gnädig – ein Ergebnis, das sich nahtlos aus allen vorangegangenen Bedingungen ergibt und im entscheidenden Moment des Höhepunkts so geschickt offenbart wird, dass die erfreulich perfekte Logik seiner Überraschung einen perfektionierenden Abschluss erhält.

Die Entstehungsweise der beiden Geschichten ist identisch; und so ist auch ihr besonderer Charme. In seinem Vorwort zu seiner Übersetzung des „Good-for-Nothing" schrieb Charles Godfrey Leland vor mehr als vierzig Jahren: „Wie ein Vogel huscht der jugendliche Held mit seiner Musik über Österreich und Italien – halb geheimnisvoll in." sein unbeabsichtigter Kurs, der vom Zufall genährt wird und ebenso angenehm in seinem schlichten Charakter ist"; was nahezu eine genaue Beschreibung der gemeinsamen Reise von *Monsieur Vifour* und *Mademoiselle de Belle Isle ist — wenn wir unter* „*Kunstlosigkeit" anspruchsvolle Kunstlosigkeit verstehen* . Und Leland fügte hinzu: „Es ist auffallend charakteristisch für das gesamte Buch, dass es voller geschickt versteckter künstlerischer Akzente ist, die eine Wirkung erzielen, ohne die Anstrengung des Autors zu verraten. Wir sind bereit zu erklären, dass wir noch nie eine so leichte Geschichte gelesen haben." und luftig, oder einer, der so wenig Arbeit verrät; aber kritisches Studium zeigt uns bald, *dass es schwierig ist, diese Erleichterung zu* finden! All diese Leichtigkeit ist die Anmut eines wahren Genies, der keine falschen Schritte macht und seine eigenen Kräfte sorgfältig eingeschätzt hat. Diese Beschreibung passt auf „The Inn of the Silver Moon" um Haaresbreite!

Teilweise trifft es nur etwas weniger auf „Myra of the Pines" zu, wo die gleiche fröhliche Verantwortungslosigkeit in Motiv und Handlung herrscht; die gleiche leichte Berührung, so sicher, dass jeder heikle Punkt mit fester Klarheit dargestellt wird; und das gleiche Stück — abgesehen von der schrillen Note des „Schweinemanns" — von sanft scharfem und sehr subtilem Humor: das die Farce auf der Ebene der hohen Komödie hält, indem es kunstvolle Erfindungen hinter einer scheinbaren Kunstlosigkeit verbirgt; und das kristallisiert sich auf funkelnde Weise in Wendungen heraus, die in ihrer genauen Passung so scheinbar spontan sind, dass ihnen durch ihre sorgfältig perfektionierte Glückseligkeit das Aussehen eines Zufalls verliehen wird.

„The Last of the Knickerbockers" hat denselben Humor und dieselbe Fröhlichkeit der Phrasierung; und in seiner ernsten Mitte spielt die fantastische Episode von „The Yellow Sleigh" — die nur noch verstärkt werden muss, um zu einem weiteren „Inn of the Silver Moon" zu werden. Aber damit endet auch die Ähnlichkeit mit Vielés anderen Geschichten. Am allerwenigsten hat „The Inn of the Silver Moon" irgendetwas mit ihm gemeinsam. Diese köstliche Distel-Daunen-Romanze stolpert über Sonnenstrahlen in einem geradlinigen Verlauf, der keine Feinheiten aufweist: wobei sich das ganze Interesse ständig auf eine Heldin und einen Helden konzentriert, für die alle anderen Charaktere nebensächlich und nebensächlich sind; und ohne eine Pause in der unbeschwerten Note, die zu Beginn angeschlagen wird. „The Last of the Knickerbockers", eine Mischung aus Komödie und Halbtragödie, ist von all dem weit entfernt — sowohl im Geiste als auch in der Form. Es ist das umfangreichste und ernsthafteste Werk von Vielé: kein Liebesroman, sondern ein Roman mit einer umfangreichen Handlung, die sorgfältig in eine komplizierte Handlung eingebunden ist; Und während sich das Hauptinteresse — wie es sein sollte — auf eine durch und durch bezaubernde Heldin und einen durch und durch befriedigenden Helden konzentriert, werden diese sympathischen jungen Menschen dazu gebracht, ihren Platz in einer Menge starker, stark angezogener Charaktere zu kennen und zu behalten.

Es ist eine gute Geschichte, sie einfach als Geschichte zu lesen; aber es ist mehr als das, es ist ein Dokument: eine bernsteinfarbene Bewahrung einer Phase der New Yorker Gesellschaft, die bereits fast verschwunden ist und bald völlig verschwunden sein wird – als die letzte Mrs. und Mr. Bella Ruggles soll die letzte schäbige, protzige Pension im letzten schmuddeligen Kenilworth Place für die verfallene Aristokratie geschlossen haben; und wenn die verfallene Aristokratie auf diese Weise vertrieben wird, wird sie gezwungen sein, in Apartmenthäusern vom Typ mit Glocke und Sprechröhre zu wohnen und (wie Alida prophetisch es ausdrückte) „an italienischen Tables-d'hôte – wie dem Café" *zu* speisen Chianti, im alten Haus des Großvaters, wo es Musik gibt und nur fünfzig Cent verlangt, inklusive Wein"!

Eine so wahrheitsgetreue Darstellung der althergebrachten New Yorker strengen Glaubensrichtungen und strengeren gesellschaftlichen Bräuche wie diese Geschichte wird, da bin ich mir sicher, die große Masse der Fiktion aus Vielés Tagen noch lange überdauern. Es wird aktiv lebendig sein, während lebende Menschen auch nur eine schwache Erinnerung an diese Glaubensrichtungen und Bräuche hegen; und wenn alle diese Alten sich zurückgezogen haben (wobei die letzte Würde darin besteht, dass sie mit einer besonderen Erlaubnis in ihre Familienhäuser unter den Schatten von St. Markus und der Dreifaltigkeit kommen und ihre Erinnerungen mit sich tragen werden), wird es, wie ich gesagt habe, so werden , ein Dokument: Bewahrung der Traditionen, die sonst mit ihnen begraben worden wären; und so die immer leidenschaftlicher werdende Gegenwart New Yorks dauerhaft mit der immer verblassenden, weniger anstrengenden Vergangenheit verbinden.

Was „Das Gasthaus zum Silbermond" betrifft, kann ich mir kein Ende seiner Dauerhaftigkeit vorstellen, da es in seinem Wesen das ist, was die Menschheit mit einem dauerhaft bindenden Zauber umgibt. Der verlockende Charme einer glücklichen Liebesgeschichte – voller fröhlicher Fantasie, epigrammatischer Anmut und sanft scharfem Humor – ist ein ewiger und unwiderstehlicher Zauber: der halten und fesseln muss, solange die Welt immer glücklich in immer frischem Sonnenschein vergeht und glücklich ist es immer frische junge Herzen.

THOMAS A. JANUAR.

NEW   YORK   ,
20. Juni 1909 .

DIE GESCHICHTE VON IGNATIUS, DEM ALMONER

Obwohl dies auf der Gartenparty der Butler Penfields geschah, beunruhigten die Ergebnisse Miss Mabel Dunbar mehr als alle anderen, außer vielleicht einer anderen. Mabel war wie überall eingeladen worden, teils weil sie ein sehr hübsches Mädchen war und dabei half, die Dinge in Gang zu bringen, teils wegen der öffentlichen Ordnung.

„Solange das liebe Kind unverheiratet bleibt", sagte Frau Fessenden hatte gesagt: „Wir müssen unseren Tee weiterhin bei ihr kaufen."

Denn Mabel verdankte ihre bernsteinfarbenen Vorhänge dem Tee, den sie verkaufte und den jeder kaufte, weil ihre Großmutter am Washington Square gelebt hatte. Wenn man in der Gesellschaft über Tee sprach, war man gleichbedeutend mit Mabel Dunbar; Wenn man in Mabels tiefbraune Augen sah, musste man an Tee denken und nebenbei auch an Sahne und Zucker.

„Früher hielt ich sie für klug", sagte Mrs. Fessenden bemerkte: „Bis sie bei klugen Männern so beliebt wurde ... Es ist wirklich äußerst entmutigend ... Sehen Sie, da ist Lena Livingston, die Dante gelesen hat und dabei so tut, als würde sie mit ihrem eigenen Schwager sprechen." Mabel, die noch nicht einmal verheiratet ist, geht mit Archer Ferris und Horace Hopworthy davon, einer auf jeder Seite.

„Ich frage mich, worüber sie mit ihnen spricht", spekulierte Mrs. Penfield und Mrs. Fessenden antwortete:

„Meine Liebe, darauf kannst du dich verlassen, sie lassen sie nicht reden."

Frau. Penfield dachte nach, während drei Rücken, zwei breit und einer schlank und gewunden wie eine Teepflanze, in Richtung des Gebüschs zurückwichen.

„Ich frage mich, mit welchem Mabel zurückkommen wird?" Sie sagte.

„Wenn Jack hier wäre, würde er Mr. Hopworthy eine Chance geben", antwortete Jacks Frau.

„Natürlich ist Mr. Hopworthy der kommende Mann", bemerkte Mrs. Penfield. „Aber Mr. Ferris ist ‚angekommen'."

„Ja", stimmte Frau zu. Fessenden: „Wie Jack sagt, ist er angekommen und hat alle Räume eingenommen ... Aber andererseits habe ich großes Vertrauen in Mr. Hopworthy. Sie wissen, dass Jacks Tante ihn entdeckt hat."

„Ja", sagte Frau. Penfield: „Ich erinnere mich, aber Clara, du warst es, die ihn vorgestellt hat."

„Oh, das war nichts", murmelte Clara. „Wir waren sehr froh –"

„Meine beiden besten Männer!" seufzte Frau. Penfield, ihre Augen auf das Gebüsch gerichtet, wo jetzt nichts mehr zu sehen war.

„Ja", stimmte ihre Freundin zu, „aber denken Sie daran, wie schlecht das letzte Ceylon ausgegangen ist."

Inzwischen hatten die drei einen kühlen Rückzugsort gefunden, eine sonnengeschützte und zur Luft offene Laube, wo ein rustikaler Gartensitzplatz, ein Tisch und ein Stuhl herzlich einluden.

„Ah, das ist genau der richtige Ort!" rief Archer Ferris. „Indem wir diesen Sitz ein wenig verschieben und diesen Stuhl hierher stellen, können wir es sehr bequem haben."

Es war auffällig, dass Mr. Ferris das Fleisch behielt. Auf dem freien Platz neben ihr auf der Bank lag Mabels Sonnenschirm. Mr. Ferris strahlte, wie nur die Angekommenen strahlen können.

„Mit Ihrer Erlaubnis werde ich den Tisch übernehmen", sagte Mr. Hopworthy und sah Miss Dunbar an, die lächelte. Mr. Ferris wurde bewölkt.

„Ich fürchte, unser Gespräch interessiert Sie vielleicht nicht", sagte er zu dem anderen Mann. „Weißt du, du schreibst keine Kurzgeschichten."

Und es war nicht das erste Mal in der letzten halben Stunde, dass Mr. Ferris Mr. Hopworthy die Möglichkeit bot, sich zurückzuziehen. Letzterer lächelte, ein breites, ausladendes Lächeln.

„Oh, aber ich habe sie gelesen", beharrte er und setzte sich auf den Tisch. „Das heißt", fügte er hinzu, „wenn genug Handlung vorhanden ist, um einen wach zu halten."

Hier lächelte Mr. Ferris, oder besser gesagt, schmollte, denn sein Mund wirkte im Gegensatz zu dem von Mr. Hopworthy kindlich, um nicht zu sagen engelhaft.

„Plots", bemerkte er, „sind ziemlich viktorianisch. Wir sind zumindest dekadent, nicht wahr, Miss Mabel?"

Mabel strich ihren bernsteinfarbenen Rock glatt und versuchte, intelligent auszusehen.

„Oh ja, tatsächlich", sagte sie.

„In der *Bee-Ausgabe der letzten Woche gab es eine Geschichte* mit dem Titel ‚Ralph Ratcliffes Reinkarnation'", fuhr der Herr am Tisch fort. „Haben Sie es gelesen, Miss Dunbar?"

„Ich habe es zum Lesen beiseite gelegt", antwortete sie ausweichend.

„Bitte tun Sie es nicht. Es geht mir am schwächsten", entgegnete Mr. Ferris. „Man schreibt *für* die *Biene* , wissen Sie."

„Entschuldigen Sie", sagte Mr. Hopworthy, „ich habe den Namen des Autors nicht als Ihren erkannt."

„Niemand mit weniger als zwölf Namen sollte sich in der Literatur nennen", sagte der andere ein wenig stolz.

Mr. Hopworthy umfasste sein Knie.

„Die Handlung dieser Geschichte –" hatte er begonnen zu sagen, als Mr. Ferris ihn unterbrach.

„Es gibt nur sieben Handlungsstränge", erklärte er, „und dreißig Situationen. Für jemanden, der sein Handwerk versteht, sollte der Ausgang einer Geschichte von Anfang an so offensichtlich sein wie eine richtig eröffnete Schachpartie."

„Wie interessant es sein muss, zu schreiben", warf Miss Dunbar anerkennend ein. Vielleicht spekulierte sie auf ihre einfache Art darüber, wo die gegenwärtige Situation unter den Dreißigern lag und ob der Sonnenstrahl, den sie auf ihrem Haar wahrnahm, irgendeinen literarischen Wert hatte.

„Hast du jemals den *Stylus gesehen* ?" fragte Mr. Hopworthy, von dessen Position aus man den Sonnenstrahl am besten beobachten konnte.

„Sir", sagte Mr. Ferris mit seinen Boucher-Lippen, „ich könnte sagen, ich *bin* der *Stylus* ."

"Wirklich!" rief die Dame, obwohl sie nicht sehr überrascht sein konnte.

Tatsächlich verschleierte ihr Ausruf die Tendenz zum Gähnen, die bei jungen Menschen häufig durch objektive Gespräche hervorgerufen wird. Wenn kluge Leute nur ein bisschen mehr wüssten, würden sie nicht so oft über dumme Dinge reden.

„Ah, dann verdanken wir Ihnen dieses temperamentvolle kleine *Fabliau* mit dem Titel ‚Die Geschichte von Ignatius, dem Almosenverwalter‘?“ bemerkte Mr. Hopworthy fast gleichgültig.

„Eine Kleinigkeit“, sagte der andere; „Was wir Schreiberlinge ‚Hack‘ nennen.“

Mr. Hopworthys breiter Mund zog sich zusammen, und man hätte beobachten können, dass er unter einer unterdrückten Emotion litt.

„Aber Sie haben es geschrieben, nicht wahr?“ fragte er leise.

„Ich habe es in zwanzig Minuten geschafft“, sagte der andere.

„Aber es war deins?“ beharrte Mr. Hopworthy.

„Als ich diese kleine Geschichte schrieb —“ sagte Mr. Archer Ferris.

„‚Die Geschichte von Ignatius, dem Almoner?‘“, fragte Mr. Hopworthy mit unnötiger Beharrlichkeit.

„‚Die Geschichte von Ignatius, dem Almosenverwalter‘“, wiederholte Mr. Ferris und errötete leicht, während Mr. Hopworthy den Tisch zu umklammern schien, um sich davon abzuhalten, nach oben zu springen.

„Davon war ich überzeugt!“ er weinte. „Keine andere Hand hätte es schreiben können. Der Kern, das Pathos, die Leidenschaft, die Kraft und der Zweck der Geschichte waren meisterhaft, und doch war sie so einfach und aufrichtig, so logisch, so überzeugend, so unvermeidlich, so —“

„Schonen Sie mich“, protestierte Mr. Ferris, überhaupt nicht unzufrieden. „Aber es hatte eine Art rudimentäre Kraft, das gebe ich zu.“

„Und haben Sie es gelesen, Miss Dunbar?“ fragte Mr. Hopworthy und ließ fast einen Anker los.

„Nein“, antwortete sie, „aber ich habe es zum Lesen beiseite gelegt. Ich werde es jetzt mit noch mehr Vergnügen tun.“

„Es sei denn, der Autor würde zustimmen, es uns in seinen eigenen inspirierten Worten zu erzählen —“, sagte Mr. Hopworthy und betrachtete interessiert seine Stiefelspitze. Miss Dunbar verstand den Vorschlag.

„Oh, tun Sie es!“ sie flehte. „Ich würde so gerne eine Geschichte hören, die der Autor erzählt.“

„Ein unvergessliches Erlebnis“, murmelte Mr. Hopworthy.

„Ich fürchte, es wäre etwas zu lang, es heute Nachmittag zu erzählen“, entgegnete der Autor mit einem besorgten Blick zum Himmel.

„Aber du hast es in zwanzig Minuten geschafft", erinnerte ihn der andere Mann.

„Das ist ein weiterer Grund", sagte der Autor. „Arbeit, die so schnell erledigt wird, hinterlässt meist nur einen leichten Eindruck im Gedächtnis."

„Vielleicht eine kleine Runde auf dem Gelände –" schlug Mr. Hopworthy vor.

Miss Dunbar hatte ihren bernsteinfarbenen Sonnenschirm aufgestellt, und die Spitze daran fiel ihr direkt über die Augen. Dadurch blieb der Platz neben ihr frei.

„Vielleicht eine kleine Wendung –", drängte Mr. Hopworthy erneut. Mr. Ferris sah ihn trotzig an.

„Da Sie meine Geschichte gelesen haben, Sir", sagte er, „kann ich kaum hoffen, Sie in meine Zuhörerschaft aufzunehmen."

„Aber es ist überhaupt nicht das, was man gerne hört, wenn man es nur einmal hört", erklärte Mr. Hopworthy in einem ausgesprochen schmeichelhaften Ton. Mr. Ferris bewegte sich unerwartet.

„Ich vergesse wirklich, wie es begann", behauptete er. „Vielleicht ein andermal –"

„Wenn ich mir erlauben darf, Ihr Gedächtnis aufzufrischen –" sagte Mr. Hopworthy mit Respekt.

„Oh, das wäre herrlich!" rief Miss Dunbar aus. „Mit zwei solchen Geschichtenerzählern fühle ich mich genau wie Lalla Rookh."

Mr. Ferris war sofort auf den Beinen.

„Ich schlage vor, dass wir uns in das gestreifte Zelt begeben", sagte er; „Dort gibt es allerlei Eis."

„Oh, aber ich meine die Prinzessin, nicht den gefrorenen Punsch", erklärte Mabel und ließ sich sicherer in der Ecke des Gartensitzes nieder. „Bitte setzen Sie sich und erklären Sie mir zunächst genau, was ein Almosenpfleger ist."

Mr. Ferris zögerte, warf einen Blick auf den offenen Rasen hinter dem Gebüsch, einen weiteren auf den bernsteinfarbenen Sonnenschirm und setzte sich in die andere Ecke. Mr. Hopworthy rutschte vom Tisch auf den freien Stuhl.

„Ein Almosenverwalter", erklärte der *Stylus* , so leise, wie es der Höflichkeitsbrief erlaubte, „ist eine Art Schatzmeister, wissen Sie ... In einem Kloster verstehen Sie ... Der Mönch, der Almosen verteilt und ..." diese Art von Ding."

„Oh, dann ist es eine mittelalterliche Geschichte!" rief Mabel. "Wie entzueckend!"

„Nein, modern", korrigierte Mr. Hopworthy.

„Modern im Ambiente, aber mittelalterlich im Geiste", sagte Mr. Ferris und nahm seinen Hut ab.

„Ah, das in der Tat!" hauchte Mr. Hopworthy. „Ich werde Ihre einleitende Beschreibung nicht so schnell vergessen: dieses Bild der alten Kathedrale, die nur durch das ferne, schwache Flackern einer gelegentlichen Kerze beleuchtet wird und vor einem heiligen Schrein brennt. Ich kann ihn jetzt sehen, Ignatius, den jungen Mönch, *wie* er Schweigend bewegt er sich von einem Almosenkasten zum anderen und sammelt in seinem Lederbeutel die Opfergaben, die die Gläubigen hinterlegt haben.

„Ich dachte, er hätte Feuer", meinte der Kurzgeschichtenautor, der kritisch zuhörte.

„Natürlich; eine brennende Fackel."

„Wie süß von ihm!" Mabel murmelte und Mr. Hopworthy fuhr fort.

„Es gab zwölf Kisten – nicht wahr? – auf ebenso vielen Säulen, und in jeder Kiste lag, zusätzlich zu der üblichen Handvoll Kupfersous, meiner Erinnerung nach eine *Silbermünze* –"

„Sie werden die Symbolik erkennen", flüsterte der Autor.

„Es ist perfekt", seufzte Mabel.

„So etwas ist noch nie passiert", fuhr Mr. Hopworthy fort, der die Geschichte offenbar sehr gut kannte, „und in der Einsamkeit seiner Zelle saß *Ignatius* stundenlang da und dachte über die Reichtümer nach, die auf so seltsame Weise in seine Hände gelangt waren. Seine." Der erste Gedanke galt den Armen, denen die Almosen von Rechts wegen gehörten; aber als er sich an die Habgier des *Abtes erinnerte* , traute ihm sein Herz nicht – „

„Eher eine bemerkenswerte Situation, dachte ich", bemerkte der Autor. „Gehen Sie bitte noch ein wenig weiter."

„Ich wünschte, ich könnte", sagte Mr. Hopworthy, „aber hier kommt Ihre scharfsinnige Analyse ins Spiel, Ihre unwiderstehliche Logik. Ich gestehe, Sie haben meinen Denkradius ein wenig überschritten."

„Vielleicht", gab der andere zu. "Sehr wahrscheinlich." Doch nun hatte er den Geist seiner eigenen Produktion erfasst und wandte sich an seinen Nachbarn, um ihm zu erklären:

„Mein Ziel war es, ein Problem darzustellen, einen Gefühlskonflikt anzudeuten, ganz in der Art von Huysmans. Sollte *der Abt*, der nur der Typ schmutziger Weisheit ist, konsultiert werden, oder sollte *der Almosenpfleger*, der das Selbst symbolisiert, dem Höheren gehorchen? Ruf des elementaren Impulses?

„Und was hat *Ignatius* getan?" fragte Mabel.

„Ich fürchte, Sie verstehen nicht, was ich meine", sagte der Autor. „Es ist der Seelenkampf, den wir analysieren –"

„Aber er muss zu einer Schlussfolgerung gekommen sein?"

„Nicht unbedingt", sagte Mr. Ferris ernst. „Ein Seelenkampf dauert an, er geht weiter –" Mr. Ferris wedelte mit seiner weißen Hand in Richtung Unendlichkeit.

Ignatius nicht beschlossen, das Geld dort anzulegen, wo es am meisten nützt?" fragte Mr. Hopworthy.

„Der Satz gehört Ihnen", antwortete Mr. Ferris, „aber er gibt nur schwach wieder, was ich meine."

„Soweit ich mich an die Geschichte erinnere", fuhr der andere fort, „beschloss er, seine eigenen Vorurteile dem Dienst an seinen Mitmenschen zu opfern. Aber wenn er an alle dachte, die in Not waren – die Bauern, die die Felder bestellten, die Seeleute." auf dem Meer, die Soldaten im Lager – er entschied, dass es besser wäre, den Nutzen auf ein würdiges Ziel zu beschränken."

„Eine sehr heikle Entscheidung", meinte Mabel und Mr. Ferris murmelte:

„Ja, das war meine Idee."

Als die Stimmen des Gartens in der Sommerbrise zu ihnen drangen, machte er eine Bewegung, um auf die Uhr zu schauen.

„Sie sehen mein kleines Problem", bemerkte er. „Der Rest ist unerheblich."

„Aber mir gefiel der Teil sehr, in dem der junge Mönch, erfüllt von seinem edlen Ziel, nachts aus dem Kloster stahl", sagte Mr. Hopworthy. „Ah, da war ein Hauch von Realismus."

„Ich freue mich, dass es Ihnen gefallen hat", antwortete der Autor und verfiel wieder in Schweigen.

Mabel klopfte mit dem Fuß auf den Kies; Es ist seltsam, wie hörbar ein unbedeutendes Geräusch manchmal wird.

„Bitte sagen Sie mir, was er getan hat", bettelte sie. „Ich habe noch nie eine Geschichte gehört, in der so wenig passiert ist."

Der Kurzgeschichtenschreiber biss sich auf die volle rote Lippe und setzte sich aufrecht hin.

„Der junge Mönch wartete, bis das Haus in Schlaf gehüllt war", sagte er, fast trotzig, wie es schien. „Dann zog er den großen Bolzen und ging hinaus in die Nacht. Der Erntemond stand am Himmel und –"

„Es hat geregnet, glaube ich", schlug Mr. Hopworthy vor.

„Egal, ob es so war", erwiderte der andere. „Ohne auf die Elemente zu achten, schlang er seine Kapuze um sich und drängte furchtlos weiter in den Wald, hörte nichts, sah nichts. Meile um Meile schritt er – und schritt – und schritt – bis – bis – es Zeit war, zurückzukehren ———"

„Sie vergessen das Bauernfest", forderte Mr. Hopworthy auf.

"Festival?" sagte Herr Ferris. „Ah, das war nur eine Episode, die einen Kontrast vermitteln sollte."

„Natürlich", stimmte Mr. Hopworthy zu. „Wie leichtsinnig neben seinem eigenen strengen Leben wirkten diese ländlichen Festlichkeiten. Wie ruhig war im Gegensatz dazu die Stille im Kloster –"

„Ja", Mr. Ferris griff nach dem Estrich, „und als er aus der Ferne ihr ungeschicktes Fröhlichkeit beobachtete, er – er – er – –"

„Er beschloss, nur einen Glückstanz zu machen", sagte Mr. Hopworthy.

Vielleicht entdeckte der Autor, der die Geschichte von einem anderen hörte, hier einen logischen Fehler, denn er fuhr nicht sofort fort, obwohl Miss Dunbar mit größtem ermutigendem Interesse wartete. Die kurze Pause wurde von Mr. Hopworthy zunichte gemacht.

„Ah, Zola hat nie etwas Gewagteres getan", erklärte er. „Selbst Zola hätte vielleicht gezögert, *Ignatius* dazu zu bringen, sich mit dem betrunkenen Soldaten umzuziehen, und wäre mitten in den Ballsaal gesprungen und hätte gerufen, dass jedes Glas bis zum Rand gefüllt sein müsse."

"Festhalten!" keuchte Mr. Ferris. „Da muss ein Fehler vorliegen. Ich schwöre, so etwas habe ich noch nie in meinem Leben geschrieben."

„Aber du hast es zugegeben!" der andere weinte. „Du kannst es jetzt nicht vor uns verbergen. Du bist großartig. Du bist erhaben!"

„Ich leugne es absolut", entgegnete Mr. Ferris.

„Bitte hören Sie auf zu diskutieren und lassen Sie mich den Rest hören", schmollte Mabel. „Lass uns gehen, Mr. Ferris."

„Das kann ich nicht", sagte Mr. Ferris traurig. „Meine Geschichte wurde vom Drucker verstümmelt."

„Aber der Walzer", drängte Mr. Hopworthy. „Sicherlich war dieser Walzer deiner."

Vielleicht wurde einmal mehr die unwiderstehliche Logik der Ereignisse deutlich, denn mit Mühe sagte Mr. Ferris:

„Oh ja, dieser Walzer gehörte mir. Begeistert von seinen Klängen und schwindelig von den Dämpfen des Weines schwebte *der Almoner* in einem Traum sinnlicher Freude, bis er sich plötzlich erinnerte – plötzlich erinnerte er sich –"

„Verzeihen Sie eine weitere Unterbrechung", warf Mr. Hopworthy ein, „er hat nichts dergleichen getan. Wie Sie sich erinnern müssen, wurde plötzlich die Nachricht verbreitet, dass der Abt tot sei und dass Ignatius an seiner Stelle gewählt *worden* sei . "

„Sie verderben meinen Höhepunkt, Sir", rief der Autor. „Dann stürzte *Ignatius* den Weinbecher von seinen Lippen und stürzte in die Nacht –"

„Aber er konnte den Soldaten nirgends finden", warf Mr. Hopworthy ein.

„Warum sollte er den verwirrten Soldaten finden wollen?" forderte der Erzähler heftig.

„Natürlich, um seine Kutte zu bekommen."

"Prächtig!" rief Mabel und klatschte in die Hände.

„Er – er –", stammelte der Autor, und wieder sagte der andere mit freundlicher Stimme:

„ *Ignatius* kehrte sofort ins Kloster zurück. Und was sollte er dort entdecken außer *dem Soldaten* , der auf dem Amtsstuhl saß und dem Rat vorstand. Aber sehen Sie, alter Junge, vielleicht sollten Sie Ihre eigene Geschichte besser selbst zu Ende bringen?"

"Herr!" rief der Autor und sprang auf. „Ich erkenne Ihre Treulosigkeit, und ich bezeichne dies als den schäbigsten Streich, den ein Herr jemals einem anderen vorzuspielen versucht hat. Ich werde nicht zögern, Sie weit und breit als jemand zu verunglimpfen, der zu der kleinsten Gemeinheit fähig ist!"

„Das hat *der Almosenpfleger dem Soldaten* gesagt ", erklärte Mr. Hopworthy Mabel flüsternd, doch die andere wurde fast gewalttätig und fuhr fort:

„Sie sind nicht in der Lage, mit gebildeten Leuten umzugehen, Sir, und wenn ich Sie allein treffe, wird es mir eine lebhafte Befriedigung bereiten, diese Beobachtung zu wiederholen!"

„Das ist es, was *der Soldat dem Almoner* geantwortet hat ", erklärte Herr Hopworthy erneut. Aber der andere Herr hatte seinen Hut gelüftet und ging schnell auf das gestreifte Zelt zu, wo es Eis gab.

„Ich werde ihm nie verzeihen, dass er die Geschichte unvollendet gelassen hat", verkündete die Richterin. „Und finden Sie nicht, dass sein Verhalten gegen Ende ziemlich seltsam war?"

Mr. Hopworthy seufzte und schüttelte den Kopf.

„Diese Zeitschriftenmänner sind etwas seltsam geworden", sagte er. „Ermüdet dieser Sonnenschirm nicht Ihre Hand?"

„Ja, du kannst es halten, wenn du möchtest", antwortete sie. „Ich bin froh, dass nicht jeder Geschichten erzählt."

Die Brust des toten Mannes

An einem Maimorgen im schönen Jahr 1594 beobachtete Mistress Betty Hodges von der Schwelle des engsten Hauses in der engsten der engen Gassen der alten Pfarrei St. Helen's, Bishopsgate, mit mehr als nur flüchtigem Interesse die Bewegungen eines Herrn in Schwarz.

„Whist, Nachbar!" „‚ rief sie Herrin Judd zu, deren beleibte Gestalt fast einen verwandten Türrahmen auf der anderen Straßenseite ausfüllte. „Dieser Fremde sollte bei jedem Schild auf der Suche nach einer Unterkunft sein, und laut meinem Horoskop ist dies ein Tag, der für geschäftliche Angelegenheiten am günstigsten ist. Ich bitte dich, nimm deine Strickarbeit, damit er uns nicht für nichts Besseres als ein paar müßige Klatschereien hält."
"

„Im Glauben", erwiderte Herrin Judd und verschränkte selbstgefällig die Arme, nachdem sie einen Seitenblick in die Richtung des Herumlungerers geworfen hatte, „und er sollte jemals bei dir übernachten, hoffen wir, dass seine Schilling sich als flinker erweisen als seine Füße."

Der Herr ging tatsächlich mit großer Bedacht vor und hielt von Zeit zu Zeit inne, um sich als einen Mann umzusehen, der Vor- und Nachteile gegeneinander abwägt. Es war eine malerische, altmodische Durchgangsstraße, in die er einzog; eine krumme Straße mit überhängenden Traufen und vorspringenden Giebelenden, die fast bis zum Himmel reichten; eine schattige, sonnenlose, feuchte, unangenehme Straße, gepflastert mit runden Kieselsteinen und in der Mitte durch einen plätschernden Bach unansehnlichen Wassers geteilt. Denn London, das noch in den glücklichen, schmutzigen Kinderschuhen steckte, musste seine Lektionen noch aus den Händen dieser grimmigen Lehrer, der Pest und des Feuers, lernen.

„Ein richtiger Mann genügt!" Herrin Judd fügte hinzu: „Obwohl ich garantieren kann, dass er übervorsichtig und von geringer Qualität ist. Für mich sieht er aus wie ein reisender Blutegel."

„Besser ein Landstudent der Göttlichkeit", schlug Mistress Hodges vor.

„Oder besser, ein kleiner Geistlicher oder bestenfalls ein Schreibmeister", meinte Mistress Judd.

„Bitte Gott, dann kann er lesen", stimmte ihre Nachbarin zu, während sie innerlich bereits über einen kleinen Mietvorschuss nachdachte. „Vielleicht kann er mich darüber informieren, ob die Papierrollen, die Meister Christopher in seiner Eichentruhe hinterlassen hat, die zehn Schilling wert sind, die er mir schuldete."

„Wenn sie so viele Pence holen würden", schniefte Frau Judd, „hat unser Meisterdichter sie schon vor langer Zeit nach Malmsey geschickt."

„Nein, sprechen Sie nicht hart über die Toten", protestierte Mistress Hodges und hielt verstohlen einen Zipfel ihrer Schürze an ein Auge.

„Heirate, wenn Master Kit manchmal nachts singen würde, dann nur, um die Wache wach zu halten. Ich würde meinen Fensterladen sauber wischen und bereit sein, seinen fröhlichen Fang noch einmal zu hören. Ah, er war nie frei mit Geld, wenn er es hatte. Und es war eine Freude, ihn mit seiner Flasche zu sehen. Im Glauben sprach er mit ihr und küsste sie, wie eine Frau ihr Kind tun würde.

„Und küss es, meiner Meinung nach hat er es einmal zu oft getan", murmelte Mistress Judd gefühllos, „in der Nacht, in der er sich auf der Straße prügelte und dabei den Tod fand."

„Heirate, er war kein Raufbold", protestierte Mistress Hodges herzlich, „aber nie am fröhlichsten, wenn die meisten betrunken waren. Sie waren diebische Schurken, die sich über ihn hermachten und ihn, Gott sei gnädig mit den Sündern, vor dem armen jungen Mann durchs Herz jagten." konnte auch nur einen Vers aufsagen, um sich als Dichter zu beweisen.

„Wie glaubst du, dass die Poesie ihn retten könnte?" fragte Herrin Judd knapp.

„Heirate, komm hoch! Welcher Dieb würde einen Dichter wegen seines Geldbeutels töten?" rief Frau Hodges. „Schnell, Nachbar, stricke!" „Fügte sie hastig hinzu und holte einen Zinnteller auf und begann mit ihrer Schürze zu polieren, während der Fremde, von ihrem Geschwätz angezogen, seinen Schritt beschleunigte.

Er war ein schmächtiger Mann, offenbar um die dreißig, mit tiefliegenden, durchdringenden Augen und einem hageren Gesicht, das in dem kurzen, scharfen Spitzbart endete, der damals in Mode war.

„Ich wünsche Ihnen einen guten Morgen, meine Damen", sagte er, als er in Sprechweite war; „Können Sie mir eine geeignete Unterkunft hier in der Nähe nennen?"

Herrin Hodges machte eine noch tiefere Höflichkeitsbekundung, um die Aufmerksamkeit auf sich selbst als die wichtigste Person zu lenken.

„Ehrlich gesagt, es gefällt Ihnen nicht, Sir", sagte sie, „es ist mein Glück, dass ich diesen Moment für Ihren Gottesdienst bereit habe. Die schönsten Gemächer, die es in der ganzen Stadt um vier und sechs in der Woche gibt. Die Vornehmheit selbst könnte verlangen." nicht besser, denn wohnt der

Oberbürgermeister nicht um die Ecke in seinem neu erworbenen Crosby Hall, dem höchsten Haus in London, und erstrecken sich ganz in der Nähe nicht die Gärten von Sir John Gresham wie ein Park von Bishopsgate bis zur Broad Street? Und wenn man würde Erholung suchen, es sind keine fünf Minuten bis Cornhill, das ist amüsant wie ein Jahrmarkt mit angenehmen Abenden, mit den Jongleuren und Hausierern und Goldschmieden und –"

„Ah, bei meinem Glauben", unterbrach der Fremde ernst, „sollte ich woanders suchen, denn ich bin kein Mann, der unter Sol geboren wurde, der Ehre liebt, noch unter Jupiter, der Geschäfte liebt, denn der kontemplative Planet trägt mich völlig mit. "

„Wenn Sie zur Kontemplation geneigt sind", unterbrach Mistress Hodges schnell, „kann es in London keinen reineren Ort für eine solche Ablenkung geben als meine zweite Geschichte. Von da an kann man nach Belieben entweder die Gärten des Armenhauses oder das Waldland dahinter betrachten." Houndsditch oder die Türme des Turms selbst, im Winter, wenn die Blätter verschwunden sind.

„Bitte Gott, die Blätter sind derzeit dick!" sagte der Fremde mit einem grimmigen halben Lächeln. „Trotzdem habe ich Lust, aus euren Hinterfenstern zu schauen. Die Gärten des Armenhauses lehren vielleicht zumindest einen zur Resignation."

„Eintreten, Sir", erwiderte die Wirtin mit unterwürfigem Gehorsam.

Der Fremde inspizierte das Schlafzimmer genau, spähte in die Schränke, prüfte das Bett, die Hocker und Stühle und blieb schließlich vor einer kleinen Eichenkiste stehen, die in einer Ecke gesichert war.

„Das ist nur eine Truhe mit Papieren, die mein letzter Untermieter, ein gewisser Master Christopher, hinterlassen hat", erklärte Mistress Hodges und fügte hinzu: „Ein Dichter, Sir, wie es Ihnen nicht gefällt, der von Straßenräubern getötet wurde, und ich weiß nicht, ob es seine Zeilen sind." Sie sind für ehrliche Ohren geeignet, aber man könnte es glauben, sie wurden im öffentlichen Schauspielhaus gesprochen. Denken Sie", fügte sie hinzu und hob den Deckel der Truhe, um ein Dutzend oder mehr zusammengebundene Manuskripte freizulegen mit Stücken kaputter Wamsschnürung: „Das Los würde auf dem Lumpenmarkt bis zu zehn Schilling einbringen?"

Der Fremde lachte und schüttelte den Kopf.

„Das ist ein hoher Preis für die Gedanken eines jeden Toten", sagte er, nahm wahllos ein Paket und drehte hastig die Blätter um, während Mistress Hodges ihn besorgt ansah. Während er las, wuchs sein Interesse, und plötzlich verschlang sein Blick eine Seite nach der anderen, ohne die Anwesenheit des anderen zu bemerken.

„In Wahrheit", sagte er schließlich, „gibt es Zeilen, die nicht ganz unbegründet sind."

„Und ich bitte Sie, Herr, was haben sie dargelegt?" Die Wirtin wagte es, nachzufragen.

„Das scheint die Geschichte eines Geistes zu sein, der auf die Erde zurückgekehrt ist, um seinen Mord aufzudecken –", begann der Fremde zu erklären, aber Mistress Hodges hielt ihn zurück.

"Heiraten!" Sie rief: „Solche Dinge sind Entweihungen und Häresie gegen die protestantische Religion, die der Himmel verteidigt. Heiraten würde der armen Frau schaden, die solche Götzendienste zum Verkauf anbieten würde."

Es folgten weitere Proteste, zweifellos aus Angst, dass ihr Illoyalität gegenüber der dominierenden Partei vorgeworfen werden könnte; Um ihre Abneigung gegen die Dokumente zu beweisen, erklärte sie ihre Absicht, die letzten ungelesenen Dokumente zu verbrennen.

„Noch besser, übertragen Sie die Verantwortung auf mich", schlug die Fremde vor und lächelte grimmig über ihren Eifer. „Verkaufen Sie mir das Grundstück für zwei Schilling und sechs Pence, und ich verspreche Ihnen, dass die Transaktion geheim gehalten wird. Die Lektüre dieser müßigen Liebhaber wird mir als Entspannung von meiner eigenen Beschäftigung dienen."

„Heirate, sie sollen dir bereitwillig gehören", rief die Frau, froh, zu so großzügigen Bedingungen von gefährlichem Eigentum befreit zu sein. Und so gelangte der Fremde in den Besitz der Manuskripttruhe. Sein Feilschen um die Unterkunft bewies, dass er ein bis zur Gemeinheit sparsamer Mann war, eine Eigenschaft, die man bei Untermietern nicht verachten sollte, denn, wie Mistress Hodges oft zu Mistress Judd sagte: „Am liberalsten sind immer die Herren, die am wenigsten zahlen wollen." Als Antwort auf vernünftige Fragen würde er nichts weiter sagen als: „Mein Vorgänger war als Meister Christopher bekannt; lassen Sie mich daher Meister Francis sein, ein armer Gelehrter, der nur verspricht, sich zu verabschieden, bevor sein Geldbeutel leer ist."

Der neue Mieter bezog sein Zimmer am Nachmittag des Tages, an dem er es zum ersten Mal sah. Sein Gepäck, das von zwei Trägern auf einem einzigen Karren dorthin gebracht wurde und hauptsächlich aus Büchern und Manuskripten bestand, bewies, dass er der bescheidene Student war, den er dargestellt hatte, und nach einer Woche waren sich seine Nachbarn darin einig, ihn als einen eher gewöhnlichen Einsiedler zu bezeichnen. Seine Tage verbrachte er träumerisch am offenen Fenster oder mit Schreiben am Pergamenttisch. Wenn er sich überhaupt im Ausland bewegte, dann nur für eine Stunde in der langen Dämmerung nach dem Abendessen, und seine Kerze brannte selten länger als zehn Uhr. Erst vierzehn Tage waren vergangen, als Mistress Hodges die Befriedigung verspürte, einen Besucher anzukündigen.

"Komm herein!" rief Meister Francis, als er auf ihr Klopfen an seiner Zimmertür reagierte, und war nicht wenig überrascht über eine so ungewöhnliche Aufforderung, denn die Reste seines Abendessens waren entfernt worden, und er selbst bereitete sich auf seinen Abendspaziergang vor.

„Unten wartet ein Herr, der Ihnen nicht gefällt, Sir", verkündete sie und trat eilig ein.

"Unmöglich!" Ihr Untermieter protestierte: „Denn wie sollte ein Besucher nach jemandem fragen, der keinen Namen hat?"

„Nach Ihrer Beschreibung gefällt es Ihnen nicht, Sir", antwortete die Frau. „Er hat dich in das Leben hineingezogen. Bei meinem Glauben konnte es keinen Fehler geben, und als er sagte, du könntest als Meister Francis bekannt sein, wie konnte ich nicht anders, als ihn zuzulassen? Er ist ein großartiger Gentleman, dem ein Diener auf den Fersen ist ein Dutzend Knechte warten in Rufbereitschaft!"

Meister Francis biss sich auf die Lippe und bewegte sich ungeduldig im Raum.

„Gehen Sie und sagen Sie diesem großartigen Herrn, dass Sie sich geirrt haben", sagte er. „Sagen Sie ihm, dass ich eine halbe Stunde vor sieben zum Abendessen eingeladen wurde. Sagen Sie ihm, welche Unwahrheit Ihnen am leichtesten über die Zunge geht, und da Sie eine Frau sind, sagen Sie es wahrheitsgemäß."

„Das würde nichts nützen, denn gerade jetzt steigt Ihr ungeduldig gewordener Besucher die Treppe hinauf", antwortete die Wirtin, während ein schwerer Schritt, der jeden Moment näher kam, die Richtigkeit ihrer Behauptung bezeugte.

„Dann geh mit dir und lass uns in Ruhe sein", befahl Master Francis und blieb entschlossen in seinem Gang stehen, während Mistress Hodges in der Tür feststellte, dass sie kurzerhand zur Seite gedrängt wurde, um einem würdevollen Mann im mittleren Leben Platz zu machen. Das Kleid des Besuchers war schwarz und wurde nur durch eine breite weiße Halskrause aufgelockert. Es war jedoch von so hochwertiger Qualität, dass die Ausstattung des Zimmers im Gegensatz dazu auf der Skala von heimelig bis schäbig abstieg. Aber offenbar kümmerte er sich nicht mehr um die Wohnung als um Mistress Hodges.

„Wie jetzt, Neffe?" Er begann sofort. „Was bedeutet es, sich wie ein Igel in einem Loch zu verstecken?"

Meister Francis verneigte sich mit fast unterwürfiger Ehrerbietung, faltete die Hände und machte gleichzeitig eine Geste mit dem Fuß, um Mistress Hodges zu signalisieren, dass sie gehen konnte.

„Mein Onkel, das ist eine viel zu große Ehre, die du mir erweist", sagte er, als die Wirtin die Tür hinter sich geschlossen hatte.

„Odsblood! Diesmal höre ich die Wahrheit von dir. Warum hast du dafür deine Gemächer in Gray's Inn verlassen?" der andere antwortete mit einer Bewegung der Nasenlöcher, als ob die ganze Umgebung in einem Hauch von Mistress Hodges' Hammelbrühe verstanden würde.

„Wahrlich, gnädigster Verwandter", entgegnete der jüngere Mann, „seit meinem Ausschluss vom Gericht haben mich einige schmierige Gerichtsvollzieher in ihrer Gesellschaft ein wenig zu oft begünstigt, und ich musste auch woanders hingehen, während ich auf eine passende Gelegenheit wartete, mich zu erinnern." Ich werde mich im Gedenken Eurer Lordschaft erinnern.

„Und bitte, zu welchem Zweck?" fragte der andere ungeduldig.

„Du weißt nicht, Onkel, wie es um mein armes Vermögen steht", sagte der Gelehrte.

„Nein", war die Antwort, „und du, Neffe, darfst auch nicht vergessen, wie ich in der Vergangenheit versucht habe, um dieses Vermögen zu erbetteln."

„Für alle, die glauben, ich bin wirklich dankbar", antwortete Meister Francis mit einem Anflug von Ironie. „Es ist Ihrer gnädigen Gunst zu verdanken, dass ich meine Ernennung der Rückgabe des Postens der Sternenkammer verdanke, der sechzehnhundert Pfund pro Jahr wert ist, vorausgesetzt, dass ich, ein schwacher Mann, in Armut und starkem Wohlstand überlebe. Es ist wie ein anderer Mann." Der Boden stößt gegen sein Haus, was seine Aussichten verbessern mag, aber seine Scheune nicht füllt.

Der andere ging zum offenen Fenster, setzte sich halb auf das Fensterbrett, verschränkte die Arme und blickte missbilligend auf das Gesicht seines Neffen.

„Diese Einstellung steht dir überhaupt nicht zu", sagte er. „Durch mich wurden Sie ins Parlament zurückgebracht, und durch mich wären Sie möglicherweise zu einem einträglichen Amt befördert worden, wenn Sie es nicht für angebracht gehalten hätten, das Ministerium zu verärgern und sich aus Gründen dürftiger öffentlicher Gunst der vierjährigen Subvention zu widersetzen, die dem Finanzministerium zusteht indem er sagte, man müsse den papistischen Verschwörungen entgegentreten.

„Ich habe versucht, das Ministerium und die Krone vor öffentlicher Missbilligung zu schützen", antwortete Meister Francis. „Das Land war meiner Meinung nach nicht in der Lage, die Steuer zu ertragen."

„Es war höchst anmaßend, Ihr Urteil dem Ihrer Vorgesetzten entgegenzustellen", sagte der andere. „Ihre Rolle ist klar. Ihre Tat muss vergessen werden. Es muss bekannt sein, dass Sie das öffentliche Leben ein für alle Mal aufgegeben haben, um zu studieren. Veröffentlichen Sie eine gelehrte Abhandlung darüber, was Sie wollen. Sie sind aus der Stadt abwesend, und das vielleicht in einem Jahr , oder weniger, wenn alles gut läuft――"

„Mit zwölf Monaten!" rief Meister Francis. „Wenn meine Taschen nicht wieder aufgefüllt werden, werde ich im Frühsommer verhungert sein."

Der Herr auf dem Fensterbrett blieb eine Weile schweigend mit zusammengezogenen Brauen stehen. Dann sagte er:

„Ich werde dafür sorgen, dass Sie eine kleine, aber für Ihre Bedürfnisse ausreichende Entschädigung zahlen, unter der Bedingung, dass Sie sofort nach Frankreich gehen, wo Sie bereits Bekannte haben."

„Vielleicht haben Sie recht, Mylord", antwortete Master Francis, „aber es entspricht meiner Laune, mich überhaupt nicht ins Exil zu schicken und mir, bevor ich Ihr Angebot annehme, die Erlaubnis zu erteilen, mit dem Earl of Essex zu sprechen. Er hat die Gunst von." die Königin."

Der andere lachte ein verächtliches Lachen, und als er aufstand, zog er absichtlich einen Handschuh an, den er in einer Hand gehalten hatte.

"Genug!" er sagte. „Verlassen Sie sich auf Essex' Gunst bei der Königin und folgen Sie ihm rechtzeitig zum Turm."

„Aber, Onkel, gib mir wenigstens deine freundliche Erlaubnis, mit ihm zu sprechen."

„Meine freundliche Erlaubnis und mein Segen!" antwortete der Onkel höflich und ging zur Tür. Mit der Hand auf dem Riegel stand er auf und fügte über die Schulter hinweg hinzu: „In den Nachrichten sind Sie hinter der Zeit zurückgeblieben, Neffe. Vor drei Tagen ist mein Lord von Essex etwas plötzlich zu seinen Ländereien aufgebrochen – angeblich auf einer Jagdexpedition Beldame Das Gerücht wird darauf bestehen, dass unsere gnädigste Königin endlich ihre eisigen Augen auf ihre Schmeicheleien gerichtet hat.

„Ein Morgenfrost!" rief Meister Francis mit einer Geste. „Ein Frost, den die wiederkehrende Sonne des Mitleids bald in zarten Tau verwandelt. Aber es ist eine Kälte, die ich ausnutzen kann. Lass mich nur meinem mürrischen Herrn in seinen Ruhestand folgen und meine bescheidene Sache mit seiner verbinden, und zwar zu gegebener Zeit." Fordere den gebührenden Lohn für treuen Dienst ein."

Seine Art war so ernst geworden, dass der andere sich umdrehte, um zuzuhören, wenn auch mit einem verächtlichen Lächeln.

„Sehen Sie, Onkel", fuhr der jüngere Mann fort, „sollte ich sofort aufbrechen, in bescheidenem Zustand, aber wie es sich für den Neffen des Lordschatzmeisters von England gehört, gut beritten und von einem einzigen Diener betreut, Das ganze Abenteuer könnte für einhundert Pfund bewältigt werden.

"Gut!" rief der andere mit verdächtig bereitwilliger Einwilligung. „Du bist in Wahrheit ein Diplomat. Stellen Sie auf jeden Fall Ihr Glück auf die Probe, und wenn Sie es getan haben, machen Sie mich mit der Angelegenheit vertraut."

Er drehte sich um und legte erneut eine Hand auf den Riegel.

„Aber", protestierte Meister Francis, „ich muss die hundert Pfund noch finden –"

„Ein Rätsel, das die Diplomatie lösen muss!" antwortete der Lordschatzmeister von England und lachte sardonisch. „Mehr kann ich dir nicht sagen, als dass du es nicht in meiner Handtasche finden wirst!" Und mit diesen Worten verließ er das Zimmer und ließ die Tür weit offen.

Viele Minuten lang ging Meister Francis auf und ab und murmelte vor sich hin, bald wütende Verwünschungen über seine eigene Torheit, bald Verfluchungen über die unerbittliche Arroganz des Lordschatzmeisters. Als die lange Dämmerung hereinbrach, ergriff er seinen breitkrempigen Hut und verließ das Haus.

Er ging durch enge, verwinkelte Gassen, und nach mehreren Biegungen gelangte er schließlich zu einer viel breiteren Straße, einer Durchgangsstraße, die von kleinen Läden gesäumt war, deren Besitzer, wenn sie nicht gerade mit Kunden beschäftigt waren, auf der Schwelle standen und die Passanten um ihre Gunst baten.

„Was fehlt dir?" Sie weinten; „Hüte, Schuhe oder Strumpfwaren; Handschuhe, Halskrausen oder Farthingales?" Jeder legt den Wert seiner

Waren dar, in dem verzweifelten Versuch, die Konkurrenz auszustechen. Entlang des Bürgersteigs schlenderten würdige Bürger mit ihren Frauen und Liebsten oder standen in interessierten Gruppen um einen Musiker oder Musiker herum, der auf mehreren schlecht gestimmten Instrumenten gleichzeitig spielte. Auf einem Stück ausgetretenem Gras spielten junge Männer lautstark Boccia, bis ihnen ein vergoldeter Trainer im Vorbeigehen mutwillig das Tor zerstörte. Hier war ein Kampf mit dem Einstock im Gange, dort ein Kampf mit bloßen Fäusten, der ernst geworden wäre, wenn die Wache nicht rechtzeitig eingetroffen wäre, um die Kriegführenden mit ihren Piken zu trennen. Im Mittelpunkt des Interesses stand jedoch ein Seefahrer, der mit eher demonstrativer Gleichgültigkeit eine langstielige Pfeife rauchte. Die Männer blickten ihn mit verstohlener Bewunderung an, die Frauen missbilligend, während Kinder rannten, um den seltsamen aromatischen Duft einzuatmen. Als er Dampfwolken aus seinen Nasenlöchern blies, lachten alle.

Meister Francis, der hastig zur Seite trat, um dem Raucher und seiner Eskorte Platz zu machen, geriet mit einem Mann seines Alters zusammen, dessen breites, gut gelauntes Gesicht die Szene gebührend zu schätzen wusste.

„Was denkst du, Freund?" fragte der Fremde lachend. „Wird diese neue Grausamkeit zur Institution werden? Haben wir uns solche Mühe gegeben, den Rauch aus unseren Kirchen zu verbannen, nur um dann unsere Köpfe in Zensoren zu verwandeln? Könnte dies eine weitere päpstliche Verschwörung sein?"

„Das scheint mir ein bisschen abscheuliche Torheit zu sein", antwortete Meister Francis etwas lustlos, „und als solche wird es mit Sicherheit der letzte Schrei werden."

„Sie sagen uns, dass es die Lebensdauer verlängert", fuhr der andere fort, „denn bekanntlich überdauert ein Hering, wenn er geräuchert wird, einen frischen."

„Sag lieber, wer raucht, wird länger leben, weil die Weisen jung sterben", erwiderte Meister Francis, erfreut über die Einbildung.

„Zumindest", bemerkte der Fremde, „wird die Mode den Handel gegen feenhafte Schornsteinfeger ermöglichen."

Natürlich folgten weitere Gespräche, denn Meister Francis, der seiner eigenen Gesellschaft überdrüssig war, war in der Stimmung, jede Gesellschaft willkommen zu heißen, und außerdem blickte der Neuankömmling, der ein verständnisvoller Mann zu sein schien, einem anderen zu offen in die Augen, als dass er die eigene Frage außer Acht gelassen hätte Ehrlichkeit im Zweifel. Sie sprachen von Tabak als einem möglichen Bestandteil des gesellschaftlichen Lebens, und beide waren sich einig, dass ein Hauch des neuen Krauts ein interessantes Experiment sein könnte.

„Dann gehen wir zum Bull“, schlug der Fremde vor, „wo man in einem kleinen Raum hinter dem Wasserhahn unter der Anleitung dieses Seemanns, der sich diese Kunst in unseren Kolonien in Virginia angeeignet hat, für drei Pence Pfeife rauchen kann.“

"Vereinbart!" rief Meister Francis bereitwillig; obwohl er ein solches Angebot zu einem anderen Zeitpunkt vielleicht abgelehnt hätte. „Das wird ein unvergessliches Erlebnis sein.“

„Heiraten“, antwortete der andere, „derjenige, der hinter der Kavallerie zurückbleibt, muss den Staub einstecken. Ich für meinen Teil möchte nicht von irgendeinem müßigen Prahler übertölpelt werden, der vielleicht lispelt – ‚Ah, es ist eine Kunst, das zu wahren.‘ Schüssel glüht! Ach, du solltest sehen, wie ich meinen Mund mit Rauch fülle und ihn in Ringen ausblase! Odds Bodkin, der Herzog selbst hat Bravo gesagt!‘“

Die Nachahmung der galanten Galanten des Tages durch den Fremden war lebenswichtig, und als sie sich auf den Weg zur Taverne machten, lachte Meister Francis zufrieden darüber, sich in so guter Gesellschaft wiederzufinden. Als sein Begleiter nun Horaz zitierte, wagte er es, sich zu erkundigen, in welcher Schule er die Klassiker gelesen hatte.

„Bei Null“, war die Antwort. „Lassen Sie diejenigen, die das Dreschen durchführen werden. Ich freue mich, hier und da Körner aufzusammeln wie eine schlanke Ratte in der Scheune eines Bauern. Ihr trinkender Gelehrter in der Schankstube wird mit jeder Tasse Sack eine Scheibe mageres Xenophon hinlegen, und so weiter Für Kirchenmänner – das sind alles unnatürliche Söhne, die ihre Muttersprache so mit Fetzen und Fetzen fremder Phrasen bedecken, geht die arme Beldame hinaus, so bunt gekleidet wie der mutwillige Geigenspieler.“

„Aber sicherlich – *Justitia eum cuique distribuit* – wie Cicero es sagt“, rief Meister Francis aus Protest gegen diese Häresie. „Sie werden nicht leugnen, dass ein treffendes Zitat unserem zu kargen Englisch Anmut verleiht.“

„Es ist eine dünne Soße zu einem kräftigen Fleisch“, antwortete der andere; und fügte bescheiden hinzu: „Ich bin, und das gefällt Ihnen nicht, Sir, aber einer, der, da er wenig Latein und weniger Griechisch hat, mit dem, was ihm noch übrig ist, eine Umstellung vornehmen muss.“

„Ihre Rede täuscht Sie, Sir“, erwiderte Meister Francis höflich, „denn sie verkündet einen Mann mit gutem Urteilsvermögen. Ich könnte schwören, dass Sie ein Doktor des Rechts sind.“

„Dann würdest du abgeschworen", antwortete der andere lachend, „denn durch die Gnade Gottes bin ich dem tanzenden Pudel auf einem Jahrmarkt nahe verwandt. Kommen Sie jeden Nachmittag um drei Uhr zum Curtain Play-House." in Shoreditch, und dort kannst du für Sixpence meine Eskapaden sehen."

„Ah, dann bist du ein Spieler!" Meister Francis weinte sehr erfreut.

„In Ermangelung einer ehrlicheren Berufung", antwortete sein Begleiter mit einer Geste, als würde er sagen: „Sag mir, wo man einen Ehrlicheren finden kann?"

„Dann geht es uns ähnlich", lachte Meister Francis. „ *Fere totus mundus Exerciset histrionem* " , sagt Phaedros, oder wie man es ganz deutlich sagen könnte: „Die ganze Welt ist eine Bühne."

„Ich glaube, unser Englisch hat den besseren Jingle", kommentierte der Spieler. „Würde doch irgendein Wortschmied diese alten Münzprägungen neu prägen, um die mageren Geldbörsen unseres Mundes zu füllen!"

Sie hatten nun den breiten, niedrigen Torbogen erreicht, der zum Hof des Bullen führte, und als Meister Francis in seinem Schatten eintrat, erinnerte er sich an die Theaterstücke, die er dort als Knaben gesehen hatte.

„Ah", sagte sein Gefährte, „es ist noch nicht so lange her, dass wir armen Spieler unseren einzigen Vorhang aufgehängt haben, wo immer wir konnten. Jetzt haben wir unsere eigenen Spielhäuser, und wenn die Diener des Lord Chamberlain den Globe at Bankside besetzen werden." , Sie werden sehen, wie Theaterstücke präsentiert werden können. Aber *Navita de ventis de tauris narrat orator* , wie dein Klatschpropertius es sagt, obwohl mir das heimliche Sprichwort am besten gefällt: „Ein Kesselflicker redet von seinem Handwerk."

Sie fanden den Seemann in dem kleinen Raum hinter dem Wasserhahn, einen wahren Hohepriester eines mystischen Kults in Würde. Er grüßte die Besucher herzlich und machte ihnen sogleich die wahre Beziehung zwischen seinem Topf mit getrocknetem Tabak und den irdenen Pfeifenköpfen an den Enden hohler Rohre klar. Er ermahnte sie, beim Auftragen der Feuerkohle darauf zu achten, den Rauch nicht zu plötzlich in ihren Mund zu ziehen und zu husten. Er war ein dunkelhäutiger Mann mit Messingringen in den Ohren und langen Haaren, die hinten zu einem Zopf geflochten waren, und sein Bericht über den wilden König, der gefangen gehalten wurde, bis die inneren Geheimnisse der Kunst des Rauchens als Lösegeld enthüllt wurden, war an sich schon eine Lüge ist sein Honorar wert.

„Ich bitte Sie, meine Herren, halten Sie die Pfeife nicht zu leicht, damit sie nicht zu eng wird und Ihre Kleidung beschädigt", wies er sie an. „Und, mit Ihrer Erlaubnis, muss es zwischen Daumen und Mittelfinger gehalten werden, gut ausbalanciert, damit der Unterarm nicht ermüdet. Sollte das Gehirn durch den Dampf beeinträchtigt werden, ist es gut, eine Pause einzulegen und einige Atemzüge normaler Luft einzuatmen. Verlängern Sie die Zeit Mit dem kleinen Finger nachlässig zu spielen und das Gesicht zu formen, als ob der Geschmack angenehm wäre, denn auf die Pfeife zu spucken und eine Grimasse zu ziehen, war höchst unelegant.

„Schau auf dich, du bist ein arroganter Schurke!" rief Meister Francis und sprang auf, verärgert über die feierliche Darstellung überlegener Weisheit. „Das ist im besten Fall eine gleichgültige Unterhaltung, und was die Kunst angeht, kenne ich keinen allzu großen Dummkopf, um sie zu beherrschen."

Seine Lippen waren ein wenig blass geworden, und seine Nerven kribbelten.

„Nein", protestierte sein Mitermittler, „wäre der Geschmack weniger abscheulich und der Geschmack weniger schmiedeeisern, dann wäre das ein hervorragendes Heilmittel für jemanden, der unter zu viel Gesundheit leidet."

Der Seemann war ein Mann von böser Gesinnung, der nicht nur mit Raleighs gottlosen Seeleuten gesegelt war, sondern, wenn man die Wahrheit ans Licht gekommen wäre, auch andere, noch weniger ehrenwerte Dienste geleistet hatte. Als er hörte, wie seine Unternehmung so vereitelt wurde, steigerte sich sein Zorn, und mit einem mächtigen Fluch wandte er sich an seine Klienten.

„Eine Plage für solche Pferdejungen!" er rief aus. „Gehen Sie zurück in die Ställe, deren Gerüche am besten zu Ihnen passen. Überlassen Sie elegante Errungenschaften Ihren Vorgesetzten."

Meister Francis, der Angst hatte, dass seine Knie unter ihm nachgeben könnten, und geblendet von einem Film, der vor seinen Augen schwamm, bewegte sich unsicher auf die Tür zu, wobei er seine Pfeife halb warf, halb fallen ließ und auf den Eichentisch fallen ließ, wo die rote Tonschale zerbrochen zu Boden fiel ein Dutzend Fragmente.

"Halten!" rief der Seemann. „Keinen weiteren Schritt, mein Galant, bis du mir zehn Schilling für meine zerbrochene Pfeife bezahlt hast."

Er sprang auf den zierlicheren Mann los, packte ihn an den Schultern und hätte ihm Gewalt angetan, wenn der andere Raucher ihm nicht eine sehnige Faust unter die zornige Nase gepresst und ihn aufgefordert hätte, den Griff loszulassen. Da dem Befehl nicht sofort Folge geleistet wurde, folgte ein heftiger Schlag.

„Beshrew mein Blut!" Der Pirat brüllte und drehte sich um, um wahllos zuzuschlagen.

„Gadslid!" erwiderte den Spieler, wandte sich ihm zu und schlug beide Fäuste mit so großer Wirkung, dass der Tisch unter dem Gewicht des kämpfenden Freibeuters ächzte, während Pfeifen, Krug und kostbares Gras durch die Luft flogen.

Der Aufruhr trieb die Gesellschaft im Laufschritt aus dem Schankraum, Kunden, Diener, die Schublade, den Kneipenjungen, ein paar Pferdediener, bis sich der kleine Raum bis zum Ersticken füllte. Schwerter wurden gezogen, Knüppel geschwungen, über dem Lärm dröhnten die Flüche der Seeleute wie die Kanonen einer Kriegsschaluppe im Einsatz.

„Gute Freunde", brüllte der Spieler und sprang auf einen Hocker, um Aufmerksamkeit zu erregen, „sehen Sie, was das Rauchen dieses Grases für einen Mann bedeuten wird. Ich bete, dass Sie diesen Kerl schnell fesseln und ihn sicher nach Bedlam bringen, bevor irgendetwas Unheil anrichtet." das passiert."

Meister Francis sank in die Ecke eines hochlehnigen Sitzes, zu krank, um sich groß um das zu kümmern, was um ihn herum geschah, und erst einige Augenblicke später, im Freien und an eine Wand gelehnt, kehrte das Bewusstsein zurück. Sein Champion in der späten Begegnung stand neben ihm.

„Sir", sagte der Student, „Ihnen verdanke ich meine Rettung, obwohl ich, bei meiner Ehre, in dem Gefecht eine bessere Figur gemacht hätte, wenn mich nicht die Dämpfe dieses abscheulichen Unkrauts überwältigt hätten. Wie haben Sie uns die Flucht ermöglicht?" ?"

„So wie Æneas mit Anchises auf dem Rücken", antwortete der andere lachend. „Es war höchste Zeit, uns zurückzuziehen, da wir nur zu zweit gegen so viele waren, obwohl ich, glaube ich, selten eine schönere Eröffnung für eine Partie Schädelknacken gesehen habe."

Der Spieler schien, ob humorvoll oder großzügig, geneigt zu sein, die ganze Angelegenheit auf die leichte Schulter zu nehmen. Er ergriff den Arm seines Begleiters und unterstützte dessen noch unsicheren Schritte in Richtung der Herberge von Mistress Hodges. Er sprach von Broils und Handgemenge, als wären solche Freizeitbeschäftigungen bei Männern mit Mut alltäglich, sei es, dass der Sport eine Pinassenbesatzung betrunkener Matrosen in die Flucht schlägt oder die Wache durch einen Trick überlistet wird . An der Tür konnte Meister Francis nichts Geringeres an Gastfreundschaft tun, als einen so standhaften Verbündeten einzuladen, einzutreten.

„Kommen Sie in meine Gemächer und ruhen Sie sich eine Weile aus", sagte
er und fügte bedauernd hinzu, „obwohl sie wirklich schlicht sind und keine
bessere Unterhaltung bieten als meine arme Gesellschaft."

„Guten Mutes", antwortete der andere und trat einen Schritt zurück, um das
Haus besser sehen zu können. „Bei meinen Besitztümern in Chancery!" rief
er, „dieses borstige Dach, das seine Lanze direkt gegen den Schild des
Mondes richtet, ist meinen Augen schon einmal begegnet. Hier hat unser
edler Christoph, der Fürst und Machthaber der Zinntöpfe, gewohnt, sofern
ich mich nicht an eine lügnerische Küchenmagd erinnere ."

„Und Sie kannten Meister Christopher?" fragte Meister Francis mit
zunehmendem Interesse.

„Heirate, ich kannte ihn gut", antwortete der Spieler. „Heirate, einen Dichter.
Heirate, ein Reim, um dir einen Vers zu koppeln, während dein flämischer
Kämpfer einen Krug Sack trinkt, und um die Ehrlichkeit seines Vermieters
mit einem Sonett abzurechnen. ‚Die erste Zeile', würde er sagen, ‚wird es
verraten.' das Gewicht davon.' Und hier hat er eine Null niedergelegt. „So ist
es auch mit der zweiten, die ihre Breite verkündet; die dritte verkündet ihre
Tiefe" – eine weitere Null, und so, bis das Maß des Verses niedergeschrieben
war. „Nun füge sie für dich selbst hinzu, ‚bietet er dem mit Rum gefütterten
Malmsey-Händler, ‚und beim Durst von Tantalus, die Summe soll sowohl
deine Ehre als auch meine Schuld prägen.'"

„Ich glaube, das war nur ein Skorbuttrick", protestierte Meister Francis und
lachte tolerant. „Was hat der Gastgeber zu ihm gesagt?"

„Im Glauben", antwortete der Spieler, „stellte er fest, dass der Zähler nicht
ausreichte, und schrie nach Geld. ‚Geld!' sagte Kit. „Denken Sie gut darüber
nach! Denn wenn, wie alle Vernunftmenschen darin übereinstimmen, nichts
besser ist als Geld, werden Sie überbezahlt, wenn Sie nichts bekommen!"

„Er war in der Tat ein ziemlicher Witz", stimmte Meister Francis zu.
"Eingeben!" drängte er mit einer Geste der Gastfreundschaft.

"Nein!" rief der andere. „Da ich ein gerechter Mann bin, ist es gefährlich, das
Schloss eines Schriftstellers zu betreten, wo jemand ohne Beleidigung oft mit
Texten ausgepeitscht oder – was noch schlimmer ist – mit Prosa an den
Pranger gestellt wird. Und außerdem habe ich von diesem Hebe aller Hodges
gehört „Helena von Houndsditch hat hinter ihrer Tür einen starken
Besenstiel für die Spieler versteckt", fügte er hinzu und tat so, als würde er
sich vorsichtig umschauen, während er seinem Gastgeber die Treppe hinauf
folgte. Meister Francis ging als erster voran, um mit einem Feuerstein und
Stahl eine Kerze anzuzünden.

„Kommen Sie herein“, sagte er, als die Flamme aufflackerte, „und willkommen in meinen Gemächern, auch wenn dieser arme Penner kaum besser ist als ein Glühwürmchen, das dazu dient, die Dunkelheit sichtbar zu machen.“

„So strahlt eine gute Tat in einer unartigen Welt“, erwiderte der andere und warf sich auf einen Sitz.

„Du bist selbst ein Dichter!“ Meister Francis rief: „Denn Sie mildern das kalte Eisen rauer Sprache mit dem Öl der Metapher.“

„Nein“, sagte der Spieler, „ich bin kein Rimester, aber wie ein Scherenschleifer versuche ich manchmal, die Erfindungen besserer Männer zu verfeinern. Glaube“, fuhr er fort und sah sich anerkennend um, „ich wusste nicht, dass unser Kit war so gut untergebracht. Dies ist eine wahre Laube, um die Muse zu umwerben. Freund, wenn ich deinen Tisch und deinen Stuhl, dein Tintenfass und deinen Witz hätte, würde es nicht lange dauern, bis ich der Besitzer von hundert Pfund wäre.

"Einhundert Pfund?" keuchte Meister Francis. „Glauben Sie mir, solche wunderbaren Entwürfe entstehen nicht aus Tintenfässern.“ Er deutete mit der Hand auf die verstreuten Papiere auf dem Tisch. „Sehen Sie“, sagte er, „es hat ein Jahr gedauert, bis ich so viel gutes Papier wertlos gemacht habe.“

„Sie verschwenden Ihre Zeit“, antwortete der Spieler leichthin. „Anstelle gelehrter Diskurse, Abhandlungen und Thesen, an die unsere Zeit nicht glauben wird und die nächste sich mit Sicherheit als falsch erweisen wird, sollten Sie eine Maske, eine Mummenschanz, ein Theaterstück als Motto erfinden, um die knabbernden Mäuler der Erdlinge offen zu halten und die Sanftmütigen zum Lachen zu bringen Die Damen der Logen sind dünn und murmeln ihren Kavalieren zu: „Ah, das ist so ein süßer Tod! Oh, la! Und es wäre rein, so ungeschehen zu sein!“

"Ein Spiel!" rief der Gelehrte überrascht aus. „Das ist eine Aufgabe für Dichter, nicht für gebildete Männer.“

„Sag es nicht!“ der andere schaltete sich ein. „Denn Gelehrsamkeit ist nichts anderes als prüde Poesie. Überrede sie mit Küssen, betöre sie mit einem Seufzer, gib ihr einen bestickten Gürtel und einen Fächer und nenne mich Cerberus, wenn deine biedere Minerva nicht einen fröhlichen Takt zur Laute des Orpheus vorträgt.“

„Und sollte sie für mich so die Zügellosigkeit spielen, wie sollte sich daraus ein Vorteil ergeben?“ fragte Meister Francis mit wachsendem Interesse, während er sich im Kerzenlicht nach vorne beugte, um die Antwort zu erhaschen.

„Das ist einfach", antwortete der Spieler. „Sehen Sie, dieses neu erbaute Schauspielhaus des Globe steht kurz vor seiner Eröffnung, und die Stadt ist neugierig, seine Wunder zu bestaunen. Die Spieler stehen da wie Windhunde in ihren Gänsen, die Schalter warten auf den Empfang." Buffets von Münzen, und Burbage, wütender als ein Hase im März, springt auf seiner Bahn hin und her, um ein Spiel zu finden.

„Sicher, London hat so viele Dramatiker wie ein Käse Milben", kommentierte Meister Francis.

„Stimmt", antwortete der andere, „aber sehen Sie, hier ist ein Fall, in dem Milbe und Wright nicht einer Meinung sind. Denn der eine ist wahnsinnig, und der andere hat seine List verloren, und der andere wird das Geld, das er für Tinte und Kit bekommen hat, in Getränken ausgeben , der Meister von allen, schreibt Komödien für Schatten in Plutos Hof. Tatsächlich scheint es keinen besseren Markt für hundert Pfund zu geben als „ein Krämerhut voller fauler Kirschen."

"Einhundert Pfund!" keuchte Meister Francis. „Die Summe bedeutet für mich, dass mein Ehrgeiz befriedigt ist."

„Ah, ha, mein schlanker Gelehrter!" rief der Spieler. „Ist die Sache nicht einer Überlegung wert?"

„Heiraten ist das", gab Meister Francis zu, „wenn man nur Lust dazu hätte."

„Oh, was das angeht", entgegnete der andere, „ich garantiere dir, dass, als dein Blut aus dem vollen Kessel deiner lippenbrennenden Jugend heiß lief, dir deine Fantasie so manche hübsche Maske spielte, denn die junge Fantasie träumt mehr Träume als das wache Alter." Ich habe den Verstand, zu schreiben. Diese beschwören wieder, öffne deinen Schrank, öffne deine Schatzkiste −" Hier zuckte Meister Francis zusammen, aber der Spieler fuhr unbedacht fort: „Bei meinem Glauben könnte deine Schurkentruhe durchaus das Grab sein, in dem sie sich befindet." Die besten Lügen sind begraben.

Er machte eine Handbewegung in Richtung der Kiste des verstorbenen Christoph, und Meister Francis' Gesicht im Kerzenlicht wurde blass.

„Was fehlt dir, Mann?" fragte der andere. „Haben Sie eine Erinnerung an die letzte Tabakpfeife?"

„Sir", rief Meister Francis und erhob sich langsam, „ist es wahr, dass ein Stück für so viel Geld verkauft werden kann?"

„In der Münze der Königin", antwortete der andere. „Damit es sich lohnt, es zu spielen, muss es ein Stück sein, wie Kit es hätte schreiben können."

Meister Francis nahm die Kerze und ging auf die Truhe zu.

„Ich nehme Sie beim Wort", sagte er. „Wie einer, der mit einer verhüllten Laterne und einem gedämpften Spaten kriecht, um die verrottenden Angeln des Tors des Todes aufzubrechen, werde ich dir ein Theaterstück zurückbringen."

Er bückte sich, hob den Deckel, ergriff das erste Manuskript, das ihm in die Hand fiel, und winkte damit triumphierend seinem auf dem Tisch sitzenden Begleiter zu.

"Ein Spiel!" rief der andere und fing die Rolle auf. „Ah, dann habe ich richtig geraten. Das ist ein langweiliger Schriftsteller, der sich am besten für die Predigten schlummernder Kirchenmänner eignet, der seinerzeit nicht die errötende Thalia unter ihr schönes Kinn geworfen hat ... Was haben wir hier?" verlangte er und breitete die aufgeschlagenen Seiten vor sich aus. „In der Tat ein Theaterstück! Eine Komödie, glaub ich! Gadslid, eine Tragödie! Ein Wunder der Meisterwerke, ein Meisterwerk der Wunder! Es wird das Gesprächsthema in der Stadt London und in den kommenden Zeitaltern sein, wenn stattliche Schauspielhäuser dort stehen werden Jetzt spaltet der gemalte Wilde seinen Feind, dein Spiel wird die schüchterne und vorsichtige Münze noch ungeborener Nationen gewinnen, dein Ruhm –"

"Frieden Frieden!" protestierte Meister Francis mit einem Lächeln, das seinem Onkel, dem Lord Treasurer, Ehre gemacht hätte, „Sie sind wie ein bezahlter Lobpreisträger, der am lautesten brüllt, um das Buch zu preisen, das er nicht gelesen hat."

„Das ist meine prophetische Seele", erwiderte der Spieler fröhlich, schwenkte die Schriftrolle über seinem Kopf und fuhr fort: „Hört, hört, gute Diener der Königin, hier ist Fleisch für eure Verdauung, Stoff für euren Verstand; hier ist Witz." und Weisheit, Prosa und Poesie, um euch schwören zu lassen, dass der tapfere Kit Marlowe wieder auf der Erde wandelt ... Komm, Klatsch, schreib deinen Namen auf das Titelblatt. Du bist zu bescheiden."

„Meinen Namen darf ich nicht verkaufen", sagte Meister Francis und hielt sich zurück.

„Unnatürlicher Elternteil!" brüllte der andere. „Würden Sie Ihre Nachkommen auf diese Weise ohne Abstammung auf die Welt loslassen?"

„Ich werde nicht der Vater einer so schlecht erzogenen Göre sein", antwortete Meister Francis.

„Wie soll ich dann Burbage antworten, wenn er den Schriftsteller fragt?“ fragte der Spieler.

„Wie Sie wollen“, erwiderte Meister Francis achselzuckend. „Und wenn es dir nicht gefällt, sag, dass du es warst. Es ist mir egal, deshalb wird mein Name nicht preisgegeben.“

„Es wird ein Scherz sein“, rief der Spieler lachend, „ein Scherz, der, sollte das Stück Anklang finden, jederzeit korrigiert werden kann.“

Und er nahm eine Feder und tauchte sie in das Tintenfass, um über die Seite zu schreiben:

DIE TRAGÖDIE VON ROMEO UND JULIA
VON WILLIAM SHAKESPEARE

„Ein passender Titel, sicherlich!“ kommentierte der Gelehrte und blickte über seine Schulter. „Ihr Name, Freund Will, sollte die Aufmerksamkeit der Öffentlichkeit geschickter anlocken als der von Francis Bacon.“

———

DAS CARHART-GEHEIMNIS

Das Gespräch hatte Erinnerungen wachgerufen, wie es bei Gesprächen der Fall ist, wenn ein alter Bekannter nach dem Abendessen seinen Kaffee umrührt und die blauen Kränze guten Tabakrauchs im gedämpften Licht der abgeschirmten Lampen wie angenehme Gespenster an die Decke schweben.

Barton und ich liefen Gefahr, unsere guten Manieren zu vergessen, als wir einigen verschlungenen Pfaden der Erinnerung folgten, die inzwischen fast überwuchert waren, bis Willoughby uns an seine Anwesenheit erinnerte.

„Ich könnte diese Gelegenheit für ein Nickerchen genauso gut nutzen", sagte er, streckte seine langen Beine zum Feuer aus und ließ sich in einen von Bartons bezauberndsten Sesseln zurücksinken. „Wecken Sie mich einfach auf, wenn Sie auf ein Thema stoßen, von dem ich etwas weiß. Ich habe zufällig in Indien gelebt, als die aufregenden Tea-and-Tennis-Episoden stattfanden, an die Sie sich so gerne erinnern, und um die Wahrheit zu sagen, sie langweilen mich."

Barton lachte.

„Oh, wir sind mit den Erinnerungen fertig, und jetzt haben Sie Gelegenheit, uns als Belohnung mit einer Indianergeschichte oder so zu langweilen", sagte er mit einer Offenheit, die nur Männern gestattet ist, die sich gut kennen. „Machen Sie uns den Unterschied zwischen einem Maharadscha- und einem Pongé-Pyjama klar und legen Sie los."

„Zumindest handeln meine Geschichten nicht von Duellen, die mit Delmonicos Ende endeten, und Flirts, die scheiterten", behauptete Willoughby und blies eine Wolke duftenden Weihrauchs in den Weltraum. „Ich habe keine Ahnung, ob ich okkultes Material an ein paar hochrangige Philister verschwenden soll, aber wenn ich dazu geneigt wäre —"

"Lieber Junge!" Ich warf ziemlich gereizt ein; denn ich mag eine alberne Gönnerschaft nicht, selbst wenn sie Spaß macht. „Entweder Barton oder ich könnten Ihnen einen Vorfall erzählen, der sich in genau diesem Raum, nur einen Meter von Ihrem Sitzplatz entfernt, zugetragen hat und der bemerkenswert genug ist, um Ihre Kiplingest-Dschungelgeschichte so zahm erscheinen zu lassen wie ‚Mutter Hubbards Hund!'"

"In der Tat!" sagte er, während er immer weiter in seinen Stuhl sank, mit etwas, das einem Gähnen sehr ähnelte; und als Barton aufstand und zum Kaminsims ging, warf er mir einen vorwurfsvollen Blick zu, den ich sorgfältig nicht erkannte.

„Ah, hier kommt Nathan mit frischem Kaffee", verkündete unser Gastgeber, offensichtlich um das Thema zu wechseln, als die rundschultrige Gestalt seines würdigen Dieners im Lampenlicht erschien. „Bete, lass ihn deine Tassen füllen, und wenn es nicht stark genug ist, zögere nicht, es ihm zu sagen."

„Es sind nicht die Kaffee-Herren, die zerstört wurden, als ich jung war", bemerkte Nathan ein wenig traurig und mit dem amüsanten Lispeln, das ihn zu einer Art Charakter machte, obwohl er selbst für einen Kammerdiener eher ein langweiliger Mann war.

„Ich trinke nie eine zweite Tasse", erklärte Willoughby und fügte hinzu: „Aber wenn es egal ist, werde ich vielleicht später, sagen wir in einer halben Stunde oder so, zu einem Schluck Limonade verführt."

Das schien mir ein ausgezeichneter Vorschlag zu sein, und Barton war offenbar derselben Meinung.

„Bringen Sie in einer halben Stunde Limonade", wies er den Diener an, „und achten Sie darauf, dass es kalt ist."

„Es ist nicht anders, als dass du fünfzehn Jahre lang deinen Thoda auch nur eine einzige Nacht gehabt hast", erwiderte Nathan, ohne Zweifel mit genügend Wahrheit, um den Protest zu rechtfertigen; und als er den Raum verließ, kicherten „Jim" Bartons Gäste.

„Ich schlage vor, wir geben Ihrem Garn die halbe Stunde", sagte Willoughby und schlug die Beine übereinander. „Das heißt, wenn es in dreißig Minuten erzählt werden kann."

„Es ist nicht die Hälfte der Zeit wert, wenn es überhaupt erzählt würde", antwortete unser Gastgeber. „Die Geschichte ist bestenfalls nicht viel wert, aber um dem alten Joe hier die Gelegenheit zu geben, ein allzu aufwändiges Abendessen anzudeuten."

Mein Name ist übrigens Joseph.

„Oh, wenn Sie diese Erklärung zugeben würden –" begann ich, um ihn anzulocken, denn ich wollte Willoughby verstehen, dass anderswo als in Indien interessante Dinge passieren könnten.

„Das gebe ich überhaupt nicht zu!" rief Barton und unterbrach ihn. „Ich versichere Ihnen, Willoughby, auf mein Wort, so sicher ich hier stehe, habe ich an diesem Abend nichts Stärkeres als ein oder zwei Gläser Burgunder probiert."

„Welche Nacht?" fragte Willoughby.

„Die Nacht, in der der junge Carhart verschwand", warf ich eindrucksvoll ein. „In der Nacht verschwand ein Kerl, der sechs Fuß groß und schwerer war als jeder von uns, so vollständig aus diesem Raum, wie sich eine Rauchwolke in der Luft auflöste."

„Ich habe gesehen, wie eine Rauchwolke durch ein Fenster flog", schlug Willoughby lachend vor, obwohl sein Interesse offensichtlich geweckt worden war, denn er warf einen Blick auf die Bucht aus LED-Glas, die eines der angenehmsten Merkmale von Bartons gemütlichem Raucherzimmer darstellte .

„Aber durch dieses spezielle Fenster ist noch nie ein Mensch gegangen", antwortete ich und nahm trotz der offensichtlichen Missbilligung meines Gastgebers die Last der Aufklärung auf mich. „Dieses Fenster blickt auf den Garten eines Nachbarn, und seit dem Bau des Hauses ist es so stark vergittert, wie Sie es jetzt sehen."

Ich sprang auf und zog die Lichtvorhänge zur Seite, nachdem ich einen Knopf gedrückt hatte, der ein Dutzend Glühbirnen in den vier Ecken des Raumes zum Leuchten brachte.

„Überprüfen Sie es selbst!" Ich weinte, ganz wie ein Schausteller.

„Ich glaube, das Eisen in diesem Grill ist echt", sagte Willoughby, ohne aufzustehen. „Und ich gebe zu, dass sich kein fastender Yogi durch so kleine Zwischenräume schlängeln könnte. Aber wie wäre es mit der Tür?"

„Die Tür", versicherte ich ihm schnell, „war damals genauso, wie Sie sie jetzt sehen, eine drei Fuß breite Öffnung, und Barton selbst stand davor im Flur, einen einzigen Schritt hinter der Schwelle."

Ich hätte in meinem Eifer, die Aufmerksamkeit auf die Wände, die Decke und den Boden zu lenken, die offensichtlich alle frei von Geheimöffnungen waren, weitermachen sollen, wenn Barton mich nicht unterbrochen hätte.

Er bewegte sich unruhig vor dem Kaminsims und sagte: „Unser Freund Joe hat nicht erklärt, dass er außer dem, was ich ihm erzählt habe, nichts über die Umstände weiß."

„Aber nicht im Vertrauen", protestierte ich.

„Nein", gab Barton zu, „nicht im Vertrauen." Und zu seinem anderen Gast sagte er: „Ich habe aus diesem seltsamen Vorfall kein Geheimnis gemacht, Willoughby, und meine Zurückhaltung, darüber zu sprechen, rührt von dem Zweifel her, dass die lange Vertrautheit mit den Umständen es mir nicht unmöglich gemacht hat, jedem einzelnen das Richtige zu geben." Ich habe ständig Angst, auf eine Schwachstelle in der Kette zu stoßen, die ich übersehen habe, und dennoch wäre es eine Erleichterung, einen solchen Fehler zu entdecken. Ich hätte sofort einen Experten hinzuziehen sollen. Ich hätte den Rat von einholen sollen Detectives; und das wäre zweifellos mein Weg gewesen, wenn mich die am meisten Interessierten nicht davon abgehalten hätten, telegrafierte mir der Vater des jungen Carhart: „Sagen Sie den Behörden nichts. Verschwinden wurde zufriedenstellend erklärt." Und das war damals genug. Erst einige Monate später erfuhr ich, dass die Familie Theosophen waren, eine Sekte, für die nichts so befriedigend ist wie das Unerklärliche. Ich selbst habe keine Theorie, die ich voranbringen könnte. Der Mann, Mein Gast, war einen Moment hier und im nächsten hatte er ein Zimmer verlassen, in dem die einzigen Öffnungen ein vergittertes Fenster und eine bewachte Tür waren. Sein Mantel und sein Hut sind immer noch in meinem Besitz; und nach allem, was ich erfahren konnte Seitdem hat man nichts mehr von ihm gehört.

„Ich bitte Sie, es nicht für nötig zu halten, mir mehr von der Geschichte zu erzählen, wenn sie Sie beunruhigt", protestierte Willoughby höflich; denn Bartons Gesicht war ernst geworden, und ich hatte das Gefühl, dass meine Einführung in das Thema unzeitgemäß war. Aber unser Gastgeber beruhigte ihn schnell mit einer Geste.

„Im Gegenteil", sagte er, „Sie sind gerade erst aus Indien zurückgekehrt, wo, wie ich gehört habe, mysteriöses Verschwinden keine Seltenheit ist und okkulte Angelegenheiten besser verstanden werden. Ihre Meinung wird von größtem Nutzen sein."

„In diesem Fall", antwortete Willoughby und wurde augenblicklich wachsam, „fangen wir am Anfang an. Wer war Carhart? Wie kam er hierher? Wie war sein Weg?"

„Das ist nur das Geheimnis", warf ich ein.

„Joe, bitte unterbreche dich nicht", sagte Barton und bemühte sich, seine Gedanken zu ordnen.

„Setz dich, alter Mann", schlug Willoughby vor. „Wir ersticken Joe, wenn er noch einmal spricht. Lassen Sie uns jetzt die Fakten erfahren – ich bin zutiefst interessiert. Setzen Sie sich doch."

Barton gehorchte so weit, dass er sich auf die breite Armlehne eines Ledersessels setzte.

„Ich werde nicht tragisch sein", begann er; „Denn, wie ich schon sagte, es könnte eine rein natürliche Erklärung geben – tatsächlich muss es eine geben. Natürlich hast du den jungen Carhart nie getroffen; denn er kam hierher, während du weg warst. Er hatte nur wenige Bekannte in New York; denn obwohl er gute Briefe aus Boston mitbrachte, wo seine Leute lebten, hatte er es sich nicht vorgenommen, sie zu überreichen. Er war ein überaus attraktiver Typ – Halbverteidiger in Harvard, Ruderer und alles andere.

Großartiger Kerl im Hasty Pudding Club und Dichter seiner Klasse, aber nur ein wenig – soll ich sagen – empfänglich und –"

„Weich", schlug ich vor.

„Nein", widersprach Barton; „obwohl er, um die Wahrheit zu sagen, einem hübschen Gesicht nie widerstehen konnte. Das war sein Versagen."

„Bemerkenswerter Mann!" Willoughby kommentierte voller Inbrunst.

„Das war er", stimmte Barton zu. „Zumindest in dieser Hinsicht. Er hat es zu weit getrieben. Er wollte jedes gutaussehende Mädchen heiraten, das er traf. Er wäre vor seinem Abschluss ein Dutzend Mal verheiratet gewesen, wenn seine Freunde nicht eingegriffen hätten."

„Gott sei Dank für Freunde!" kommentierte Willoughby mit noch mehr Inbrunst.

„Bis endlich", fuhr Barton fort, der nun selbst genug war, um seine Erzählung mit gelegentlichen Zügen seiner Zigarre zu untermalen, „endlich Carhart unter den Einfluss einer Witwe geriet."

„Eine gestalterische Witwe", fügte ich hinzu, um die Situation klarer zu machen.

"Attraktiv?" Willoughby erkundigte sich.

„Oh, entschieden."

„Belastungen?"

„Nein", antwortete Barton. „Nicht ganz. Es gab Gerüchte über einen Ehemann im Hintergrund, aber er wurde nicht vorgestellt."

„Eine hübsche Witwe liegt außerhalb des Habeas-Corpus-Gesetzes", sinnierte Willoughby.

„Ganz recht", gab Barton zu. „Aber auf jeden Fall war nichts wirklich gegen die Dame bekannt, außer einer jungfräulichen Tante, und diese anstößige Verwandte war übrigens ebenso sehr gegen die Heirat wie Carharts eigene Leute."

„Und warum waren sie dagegen?"

„Oh, sehen Sie, bei seinem Hang zur Poesie und Schauspielerei hatten sie Angst, dass eine unglückliche Ehe ihn auf die Bühne treiben würde, und natürlich ergriffen sie alle Maßnahmen, um dies zu verhindern."

Hier hielt Barton inne, um sich eine neue Zigarre anzuzünden, während wir anderen nachdenklich an unserem Kaffee nippten.

„Und was waren diese vorbeugenden Maßnahmen?" Willoughby erkundigte sich.

„Oh, das Übliche", sagte Barton. „Drohungen, Belästigungen, Ratschläge und Versprechungen. All das konnte ihn nicht bewegen; er war entschlossen, sie zu seiner Frau zu machen, und als letzten Ausweg schrieb mir sein Vater und legte die Angelegenheit vorbehaltlos in meine Hände. Unsere Vorfahren kamen." drüben auf demselben Boot, so schien es."

„Die *Mayflower* ", hauchte ich, aber das war kaum nötig.

„Ganz recht", gab er zu; „Und das brachte natürlich eine gewisse Verpflichtung mit sich."

„Natürlich", waren wir uns beide einig und die Erzählung ging weiter.

„Wie wir allen Grund zu der Annahme hatten, war für einen bestimmten Abend eine Flucht geplant; und der ältere Carhart hielt die Bostoner Kabel den ganzen Tag mit Appellen an mich in Atem, seinen Sohn zu retten."

„Und hast du?" Willoughby erkundigte sich.

„Ja", antwortete Barton vorsichtig, „in gewisser Weise."

"Wie?"

„Ich begann damit, ihn zum Abendessen einzuladen."

„Und natürlich hat er nicht akzeptiert?"

„Oh ja, das hat er. Er nahm an und kam pünktlich an, und ich muss sagen, ich habe noch nie einen Mann erlebt, der einem Filet Mignon Bordelaise mit größerer äußerer Befriedigung gegenüberstand; und obwohl wir uns über gleichgültige Themen unterhielten, schien seine Stimmung über alle Maßen überschwänglich zu sein Grenzen. Aber Sie können sicher sein, dass ich jede seiner Bewegungen im Auge behalten habe . Ich war fest entschlossen, dass er nicht entkommen sollte. Im Extremfall war ich bereit, ihm einen harmlosen Schlaftrank in seinen Kaffee zu verabreichen."

"In der Tat!" sagte Willoughby, während er seine Tasse abstellte und mit forschender und misstrauischer Zunge über seine Lippen fuhr.

„Eine drastische Maßnahme, das habe ich zugegeben", fuhr Barton fort, „aber eine, die ich für gerechtfertigt gehalten hätte. Hätte ich das Scheitern meines anderen Plans vorhersehen können? Kennst du meine älteste Schwester Emily?"

Wir verneigten uns, denn es war eine Pflicht, Emily zu kennen.

„Und du kennst ihre älteste Tochter, Emeline?"

Wir verneigten uns erneut; Es war eine Freude, Emeline kennenzulernen.

„Nun", fuhr Barton fort, „zufälligerweise wollten sie an diesem Abend in der Nachbarschaft speisen, und ich vereinbarte mit ihnen, kurz nach ihrem kleinen, informellen Abendessen spontan bei mir vorbeizuschauen. Ich war überzeugt, dass Carhart sich verzweifelt in Emeline verlieben musste, die die Dinge sofort vereinfacht hätte.

Natürlich stimmten wir beide zu – ich aus Höflichkeit, aber Willoughby, wie ich es mir vorstellte, mit etwas gesteigerter Farbe.

„Ich gehe davon aus, dass Sie Miss Emeline nicht ins Vertrauen gezogen haben", sagte er ein wenig steif.

„Nein", antwortete Barton, „aber ich habe mir seitdem oft gewünscht, ich wäre offener gewesen. Das ist genau die Art von Dingen, in denen sie gut ist."

Willoughby warf seine ausgezeichnete Zigarre, halb geraucht, mit scheinbar unnötiger Heftigkeit in den Kamin.

„Sie sagten, Ihr Plan sei gescheitert", sagte er.

„Das war es", erwiderte der Gastgeber. „Es scheiterte völlig, wie Sie sehen werden. Ich ließ meinen jungen Freund so lange wie möglich am Tisch, und Nathan – zu seiner Ehre muss ich sagen – war nie bedächtiger; aber als Carhart Mandeln und Rosinen eher nachdrücklich abgelehnt hatte Zum dritten Mal standen wir vom Tisch auf, als die Uhr zehn schlug, und kamen hierher, um zu rauchen. Das Licht war schwach, so wie damals, bevor unser Freund Joe versuchte, uns zu blenden.

„Ich verlange Verzeihung!" Rief ich aus und eilte zum Knopf, um den Raum wieder ins Halbdunkel zu versetzen.

„Ah, das trifft eher zu", sagte Barton. „Mir gefällt das gedämpfte Licht viel besser. Nun, hier waren wir – Carhart vor dem Kaminsims, wo ich gerade stand und ruhig rauchte, und ich zwischen ihm und der Tür und lauschte auf den Klang der Glocke, die jeden Moment ankündigen könnte die Ankunft der Damen. Ich erinnere mich noch genau daran, dass wir über Setterhunde diskutierten, und wie Sie vielleicht glauben, war ich noch nie in meinem Leben so sehr auf Anekdoten fixiert, als endlich die willkommene Vorladung kam."

„Ich dachte, Sie hätten gesagt, Ihr Plan sei gescheitert", warf Willoughby ein.

„Das war es", erwiderte Barton. „Die Glocke, die durch das Haus hallte, wurde überhaupt nicht von Emily geläutet, sondern von einer Dienerin mit einer Nachricht von ihr, dass meine Schwester sich wegen ihrer Unwohlsein entschlossen hatte, direkt nach Hause zu fahren. Emeline, fügte sie hinzu, sei unterwegs weiter zu einem höllischen Tanz. Ich hatte Carhart keine Andeutung gemacht, dass meine Schwester kommen würde, und natürlich habe ich den Inhalt ihrer Nachricht nicht preisgegeben. Tatsächlich nutzte ich das trübe Licht als Vorwand, um in die hellere Halle zu treten, und das hier ermöglichte es mir, meinen ersten Kummer vor ihm zu verbergen. Als ich keine zwei Fuß von der Schwelle entfernt stand und überlegte, was ich tun sollte, bemerkte ich, dass Nathan die Haustür hinter dem Boten schloss; und bald darauf ging er an mir vorbei und ging zu seiner Speisekammer. wie ich dachte. Ich muss fast eine Minute vor der Tür gestanden haben, obwohl es mir viel kürzer vorkam, denn als ich mich umdrehte, stand Nathan wieder neben mir und hielt ein Tablett mit Tassen in der Hand.

„„Du hast den Kaffee erst vor einer Minute serviert, du Idiot!' sagte ich und verriet damit die Verärgerung, die ich empfand; und darüber hinaus, das muss ich gestehen, erinnerte mich der Kaffeeduft auf schmerzhafteste Weise an den einzigen Plan, der dann noch übrig war.

„„Ich dachte, Sie wären vielleicht noch mehr bereit für so etwas', beharrte Nathan mit seinem ärgerlichsten Lispeln. ‚Ich wusste nicht, dass der Herr gegangen war.'

"'Gegangen!' Rief ich aus. „Sie müssen blind sein. Der Herr, Mr. Carhart, ist im Raucherzimmer."

„„Ich bitte um Verzeihung, Herr, aber er ist nicht da', erwiderte Nathan und entfernte sich von mir, als wolle er einem Schlag ausweichen. ‚Der Herr ist nicht im Wohnzimmer.'

"'Narr!' Ich weinte und rannte von ihm weg, aber im nächsten Moment fand ich seine Worte zu wahr. Carhart war verschwunden, verschwunden, sozusagen im Element der Luft geschmolzen."

"Seltsam!" Ich dachte nach und senkte meine Stimme, um Bartons Höhepunkt zu unterstützen.

„Seltsam genug!" rief Willoughby, weniger beeindruckt als ich gehofft hatte. „Und Ihr Diener war also der Erste, der die Entdeckung machte?"

„Ja", antwortete Barton; „Obwohl ich ihm nie erlaubt habe, von meinem Erstaunen zu erfahren. Ich habe mein Bestes getan, um es als Scherz auszugeben. Ich habe ihn glauben lassen, dass Carhart sich vor dem dummen Patzer des zweiten Kaffees von mir verabschiedet hatte."

„Athking your pardon, thir", kam verletzt und lispelnd mit Akzent aus der Düsternis. „Ich habe an diesem Abend nie keinen Kaffee mitgebracht, weil die Katze in der Kaffeekanne war, und ich habe auch nicht gedacht, dass der Herr weg war."

Barton, der seinen Ärger verbarg, saß einen Moment lang da und betrachtete sein Haus mit scheinbarer Gleichgültigkeit.

„Und bitte, was hast du dann gesagt, als du neben mir an der Tür standest?" er hat gefragt.

„Überhaupt nichts, du", antwortete Nathan. „Ich war dort nicht. Ich ging zurück in meine Speisekammer, als ich den Methenger herausgelassen hatte, und dort blieb ich, bis ich hörte, wie du mit der Feuerschaufel auf die Wand und den Boden hämmertest."

„Das reicht, Nathan", erwiderte Barton steif; und ich bemerkte einen seltsamen Ausdruck auf Willoughbys Gesicht.

„Thoda, du?" fragte Nathan den anderen Gast.

„Ja", war die Antwort. „Und bitte füllen Sie es auf."

Wir verfielen in ein unangenehmes Schweigen, während Nathan mit den Flaschen mit Sodawasser herumfummelte, Barton an seiner Zigarre herumfummelte, ich mit einem Briefbeschwerer spielte und Willoughby sich auf das Feuer konzentrierte.

„Carhart", wiederholte er immer wieder, fast vor sich hin. „Wo habe ich diesen Namen schon einmal gehört? Carhart!"

„Carhart?" sagte Barton neugierig.

„Carhart!" wiederholte Willoughby mit noch mehr Abstraktion. „Carhart!"

„Ja, Carhart!" Ich fügte hinzu, um den Gedankengang aufrechtzuerhalten.

„Carhart!" brüllte Barton und sprang auf. „Kann niemand etwas sagen außer Carhart?"

„Und was ist aus der Witwe geworden?" fragte Willoughby nachdenklich.

„Ich wusste es nie und wollte es auch nicht wissen", antwortete unser Gastgeber.

„Hübsch, dachte ich, du hast es gesagt", fuhr Willoughby fort. „Und kastanienbraunes Haar?"

„Ja, verdammt hübsch, verdammt kastanienbraun. Was meinst du?"

Willoughby hob beruhigend die Hand. „Lass mich einfach nachdenken", sagte er. „Ich kannte einmal einen Mann in Kalkutta. Ein Amerikaner aus

Boston, der im Großhandel Konserven, Kattun und Karamellbonbons verkaufte, eine hübsche Frau hatte. Außerdem ein kluger Kerl und großartig im Nachahmen – er konnte alles nachahmen alter Hausmann mit einem Lispeln in einer Art und Weise, dass einem die Seiten weh tun würden. Ich wünschte, ich könnte mich an den Namen dieses Kerls erinnern. Bei Gott, es war – es war! – es war! – –"

"War was?" Ich fragte.

„Warum, ,Carhart'!"

Barton, der vor dem Feuer stand, schwankte unsicher auf seinen Füßen und klammerte sich hilfesuchend an den Kaminsims. Der alte Nathan schlurfte an seine Seite.

„Thoda, du?" fragte der Diener.

„Ja", sagte der Meister abwesend. „Bitte, ein Stück Zucker und etwas Sahne."

DIE MONSTROSITÄT

Fünfzehn Minuten nachdem Mr. und Mrs. Lemuel Livermore war in Begleitung ihrer Tochter Selma von ihrer komfortablen West Side-Residenz weggefahren, um an einem jährlichen Familientreffen im Haus von Mrs. teilzunehmen. Livermores verwitwete Mutter, Mrs. Pease, auf der gegenüberliegenden Seite des Central Parks wurden die Hausangestellten von Livermore durch ein ungewöhnlich gebieterisches Klingeln an der Haustür aufgerüttelt. Es war Heiligabend, eine Zeit, in der jederzeit Handelswagen auftauchen konnten. Den ganzen Nachmittag über waren Geschenke eingetroffen, und der Anblick eines großen Lieferwagens, der rückwärts am Bordstein stand, war keine Überraschung.

„Was bringen sie uns jetzt?" fragte Bates, der Butler, der sich in Abwesenheit der Familie selten dazu herabließ, die Tür aus seiner Speisekammer zu öffnen.

„Für mich sieht es aus wie ein Sofa", antwortete das lächelnde Hausmädchen, das im Allgemeinen instinktiv wusste, wann der Kellner jung und gutaussehend sein musste, „und die liefernden Herren wollen wissen, wo sie es hinstellen sollen."

„Ein Sofa, oder?" rief der Butler und trat vor. „Ich würde gerne wissen, wer so dumm war, einer Familie, die bereits mehr Haushaltsgegenstände hat, als sie anzufangen wissen, ein Sofa zu schenken. Als nächstes schicken sie eine Porzellanbadewanne ein." „Fügte er grunzend hinzu, während er die zweite Hälfte der Vordertür aufschob, um Platz für ein sperriges Möbelstück zu schaffen, und gerade dann scheinbar auf vier kräftigen Beinen die Stufen hinaufstieg. „Hier, Leute, wischt euch die Füße ab und legt es in den Salon, und wenn die Familie nach Hause kommt, wird bestimmt jemand einen Segen bekommen."

Das Sofa war in Wirklichkeit ein wohlgenährtes Wohnzimmer, üppig und plüschig und voller Blumen, und als es, nachdem man es umhüllt hatte, die Mitte des rosa-weißen Wohnzimmers von Livermore einnahm, war das Livermore-Bric-à- Armschmuck, Schmuck und Schmuck schienen ein wenig blass zu werden und in sich selbst zu schrumpfen, als ob ein Anflug von Zwietracht sie beunruhigt hätte.

"Herr!" sagte das Hausmädchen offen, als sie die neueste unwillkommene Anschaffung betrachtete, „aber es ist ein Biest!"

„Macht den Raum in Aufruhr, nicht wahr?" bemerkte der dickste und optimistischste der Möbelmänner, während er in seinem Hut ein Memorandum konsultierte. „Das ist praktisch, wenn die Frau nachmittags ein Nickerchen machen möchte, nicht wahr?"

Der Butler und das Hausmädchen wechselten einen Blick des toleranten Mitleids, aber solch eine düstere Ignoranz über gesellschaftliche Bräuche war nicht aufzuklären.

„Am besten mal gründlich auffrischen, damit die Farben zum Vorschein kommen", mahnte der Optimist und blickte bewundernd auf seine letzte Last.

„Ich würde es nicht mit den Riemen anfassen", erklärte das Hausmädchen, und der Butler prophezeite: „Es wird nicht lange aufhören, dort zu verstauben, wo es ist, wenn die Frau es einmal zu Gesicht bekommt."

„Nun", moralisierte der andere und blickte sich umfassend im Raum um, „es ist sicherlich eine Tatsache, dass reiche Leute für alles Glück herkommen."

Und das sagte er mit Drew, begleitet von seinem Kumpel, und die Bolzen wurden hinter ihnen abgefeuert.

„Unser Abendessen wird kalt", bemerkte der Butler. „Geh runter, Mary Anne, und sag der Köchin, dass ich komme, und ich bringe die Dekanter runter. Der Sherry ist kaum noch dazu geeignet, oben noch einmal serviert zu werden."

Das Hausmädchen schnüffelte.

„Seien Sie vorsichtig, Mr. Bates", warnte sie ihn. „Der alte Butler Auguste wurde entlassen, weil er so viele Flaschen Champagner gefunden hatte, die nicht zum Servieren oben geeignet waren."

„Auguste", stimmte der Butler zu, „war ein französischer Idiot. Er hätte wissen müssen, dass selbst aufgeschlossene Herren Champagner immer zählen."

„Sollen wir die Lichter im Wohnzimmer brennen lassen?" fragte das Hausmädchen.

„Sicherlich", antwortete Bates; „Es würde der Frau nicht schaden, im Dunkeln über dieses Ding zu stolpern."

"Herr!" sagte das Hausmädchen mit einem Abschiedsblick über die Schulter. „Herr! aber es *ist* ein Biest."

„Eine absolute Monstrosität", stimmte der Butler zu.

Zeit verging; die Diener gingen ihrer Wege; das Wohnzimmergas schnurrte beruhigend; Der Nippes beschäftigte sich im Flüsterton mit Beratungen. Was auch immer geschah, man sollte der Monstrosität ihre Isolation spüren lassen – und das tat sie auch. Es unterschied sich deutlich von seiner Umgebung; es schien zu seufzen, und bald begann sich seine plebejische Brust wie vor Rührung zu beben. In seiner büscheligen Seite entstand ein Riss, in dem ein

Augenpaar zum Vorschein kam. Das Gas schnurrte weiter; Geräusche aus der Dienerhalle unten deuteten darauf hin, dass der Sherry begonnen hatte, sich in Form von Heiterkeit auszudrücken. Der Spalt wurde breiter, bis sich das Sofa wie ein dicker, blumiger Baumstamm öffnete. Die Augen wurden zu einem Kopf, der Kopf zu einem Mann, der auf der Sofakante saß und sich umsah.

„Alle Zings sind gleich", murmelte er in gebrochenem Englisch vor sich hin. „Es hat sich nichts geändert, außer dass die Arrangements zu meiner Zeit weniger beliebt sind. Ach, die Leute wissen nicht, wann sie das Glück haben."

Er seufzte, erhob sich und wagte einen großen Fuß, der in einem Filzschuh steckte, auf den Teppich. Er stand da und blickte liebevoll um sich, wie jemand, der über unbelebte Dinge nachdenkt, die einst lieb waren. Mit lautloser Vorsicht ging er zur nächsten Tür und verschwand. Bald darauf kehrte er zurück und trug ein mit Silberstücken beladenes Tablett aus dem Speisezimmer – einen Eiskrug, eine Epergne und einige Schüsseln; Diese rollte er geschickt in Flanellbeutel und deponierte sie liebevoll im Inneren der Monstrosität. Eine weitere Expedition führte zu einer ebenso attraktiven Portion Teller, die ebenso sorgfältig verteilt werden sollte. Als nächstes ging er zum Kaminsims und wählte aus der dort ausgestellten Sammlung ein bescheidenes Paar Dresdener Bilder aus.

„Diese", sagte er im Selbstgespräch, „gehören zweifellos mir. Ich hätte sie tausendmal zerbrechen können und hätte es nicht getan, und deshalb gehören sie mir."

Zärtlich und fast seufzend legte er die Figuren neben das Silber und schloss den schweren Büscheldeckel darüber.

„Ich werde zum letzten Mal nach oben gehen", überlegte er, eine Spur von Traurigkeit in seinen gallischen Zügen, „und siehe, ob Madame immer noch so nachlässig mit ihrem Schmuckkästchen umgeht wie in alten Zeiten. Ich werde selbst herausfinden, ob Monsieur immer noch." steckt seine Schalnadeln in das Nadelkissen ... Ah, aber es ist deprimierend, einst vertraute Szenen wiederzusehen. Es bringt einen dazu, die Träne zu vergießen.

Die große Uhr im Flur schlug halb acht.

Gerade als die Uhr schlug, erhob sich der Butler unten, um einen Toast auszusprechen.

„„Auf die, die uns lieben"", begann es und fuhr fort: „„Auf uns, die die lieben"" – aber da es nicht so hätte weitergehen sollen, hielt der Butler inne und blinzelte missbilligend zum Koch, der lachte.

„„Hier ist für diejenigen, die diejenigen lieben, die diejenigen lieben, die diejenigen lieben"", beharrte er feierlich und hätte die Hierarchie vielleicht noch weiter fortsetzen können, wenn ihn nicht ein elektrischer Ruf von der Haustür unterbrochen hätte.

„Um Himmels willen!" rief der Koch, „was kann das sein?"

„Noch mehr Geschenke", schlug das Hausmädchen vor.

„Noch eine Monstrosität, ich werde gebunden sein", kicherte der Butler und stolperte aus dem Raum. „Lasst uns alle darüber reden."

Er stieg unsicher die Treppe hinauf und schritt mit merklichen Abweichungen vom gleichmäßigen Kurs durch den Flur.

„„Auf die, die uns lieben, die sie lieben"", sang er fröhlich, und als er mit fummelnden Fingern die Haustür aufgestoßen hatte, konnten seine immer noch blinzelnden Augen für einen Moment nicht erkennen, dass Mr. Livermore selbst war stand auf der Schwelle, umgeben von etwa einem halben Dutzend vermummter Gestalten.

„Bates", begann Mr. Livermore, „ich habe meinen Hausschlüssel vergessen und …"

„Gehen Sie mit Ihnen durch", rief Mr. Bates fröhlich; „Wir haben bereits alle Monstrositäten, die wir wollen. ‚Auf die, die die lieben, die wir lieben'…"

„Bates", sagte Mr. Livermore, „Sie sind betrunken."

„Shir", sagte Bates; „Shir, ich versichere Ihnen, dass Sherry nicht für die Lagerung oben geeignet war."

„Bates", sagte Mr. Livermore, „Sie sind sehr betrunken."

„Shir", sagte Bates, „Shir, ich versichere Ihnen, das ist alles dieser Monstrosität zu verdanken. Monstrosität, die nicht dazu geeignet ist, oben zu lagern."

Inzwischen ist Mrs. Livermore hatte keine Zeit verloren und drängte sich an ihrem Mann vorbei in den Flur, gefolgt von Selma, gefolgt von ihrer verwitweten Mutter, Mrs. Pease und Mr. Bertram Pease, ihr Bruder, und Miss McCunn, auf die Mr. Pease aufmerksam sein sollte, und Cousine Laura Fanshaw und die beiden Misses Mapes, Mr. Sellars und Doktor Van Cott, alles alte Freunde , und ein junger Herr namens Mickleworth, über den niemand viel wusste, außer Selma, die ihr Wissen aus eigenen Gründen für sich behielt. Er war als Freund von Cousin Dick Busby zur Familienfeier eingeladen worden und hätte mit Dick kommen sollen, aber dieser hatte im letzten Moment, nachdem er eine vielversprechendere Einladung erhalten hatte, die Nachricht geschickt, dass er krank sei.

Während Mr. Livermore Bates beiseite zog, beschäftigte sich das Hausmädchen mit den Umhängen der Damen.

„Sie sind früh mit dem Abendessen fertig, Ma'am", sagte sie zu Mrs. Livermore.

„Wir haben noch nicht zu Abend gegessen, Mary Anne", antwortete ihre Herrin. „Mutters Reichweite ist explodiert, oder gleich nachdem wir uns hingesetzt haben, ist etwas Schreckliches mit den Rohren passiert, und alles war ruiniert. Also haben wir die gesamte Gruppe in Taxis hierher gebracht. Sagen Sie der Köchin, sie muss uns sofort eine Mahlzeit geben … aus der Dose." Zunächst Tomatensuppe, gefolgt von kalter Dosenzunge und ..."

„Die Frühstücks-Fischbällchen", schlug Mary Anne vor.

"Exzellent!" rief ihre Herrin aus. „Und danach haben wir vielleicht..."

„Marmelade", schlug Mary Anne vor.

„Und Buchweizenkuchen", unterbrach Selma.

„Natürlich", stimmte ihre Mutter zu, „das muss reichen ... mit viel Brot und Butter ... Und jetzt", fügte sie fröhlich hinzu und wandte sich an ihre Gäste, „machen wir uns alle an der Zeichnung - Platz und Rätselraten, bis das Abendessen fertig ist. Was für ein Glück, dass wir unsere Austern schon vor dem Unfall hatten!"

„Meine Liebe", sagte Mr. Livermore flüsternd, „ich fürchte, dass Bates hoffnungslos betrunken ist."

„Oh, Lemuel, was sollen wir tun?" Erschöpfte die Gastgeberin und hielt sich stützend an der Hutablage fest.

Sie waren allein im Saal und standen vor einem Dilemma.

„Ich gebe es auf", sagte Mr. Livermore.

„Das geht nicht", stimmte seine Frau zu. „Du musst dir etwas einfallen lassen."

„Vielleicht", schlug der Herr törichterweise vor, „könnte ein Engel dazu gebracht werden, vom Himmel herabzukommen ..."

Aber seine Worte waren wahrer als er dachte; Eine Gestalt, die unbemerkt die Treppe hinuntergeschlichen war, stand nun vor ihnen.

"August!" verschwendete Frau Livermore, mit einem fast abergläubischen Anfang.

„Ja, Madam", antwortete ihr ehemaliger Diener, während sein gütiges Lächeln beruhigend wirkte; „Ich bin es. Ich habe mir die Freiheit genommen, vorbeizuschauen, um Madame frohe Weihnachten zu wünschen."

„Gott sei Dank!" rief die Gastgeberin und unterdrückte ihren Impuls, ihm um den Hals zu fallen. „Jetzt musst du bleiben und uns aus unseren Schwierigkeiten helfen. Du weißt genau, wo das ganze Silber ist."

„Perfekt", antwortete der Mann respektvoll, „und es wird mir eine große Freude sein, Madame erneut zu bedienen."

„Auguste", sagte Mr. Livermore, „lassen Sie die Vergangenheit vergessen. Gehen Sie schnell, decken Sie den Tisch und stellen Sie alles auf, damit er attraktiv aussieht."

„Entschuldigen Sie, Monsieur", protestierte Auguste, „wäre es nicht unangebracht, bei einem so einfachen Essen zu viel Silber zur Schau zu stellen?"

„Er hat recht", erklärte Frau. Livermore: „Auguste hat recht. Sein Geschmack war immer perfekt – sogar im Champagner."

Eine weitere Diskussion wurde vorerst dadurch verhindert, dass Selma voller Heiterkeit an der Tür des Wohnzimmers erschien. Dicht an ihrer Seite stand Mr. Mickleworth und lachte ebenfalls.

„Oh, Mama!" rief die Tochter des Hauses, „kommst du mal vorbei und siehst, was uns jemand als Geschenk geschickt hat? Das Hässlichste, was man sich vorstellen kann, eine absolute Monstrosität."

Aber die Livermores waren dankbar für das Sofa und die Abwechslung, die es mit sich brachte. Da niemand der Anwesenden eine solche Entscheidung hätte treffen können, fühlten sie sich frei, sie nach Herzenslust zu missbrauchen, und in diesem Moment standen sie da und brauchten dringend etwas zum Missbrauch ... bis die Fischbällchen die Atmosphäre mit einem willkommenen Duft erfüllten.

Später, nachdem Auguste seinen berühmten Punsch zubereitet hatte, erzählten sie einige höchst amüsante Dinge über die Lounge.

„Es wäre ein großartiges Hochzeitsgeschenk", lachte Mr. Livermore mit einem schlauen Blick auf Mr. Bertram Pease, und Miss McCunn erklärte, dass sie lieber allein sterben würde, als ein Eheleben in der Gesellschaft der Monstrosität zu beginnen.

Mit der Zeit erfüllte der Geist der fröhlichen Jahreszeit die Gesellschaft und es wurden Vorschläge für Freizeitbeschäftigungen zur Weihnachtszeit gemacht.

„In meinen jungen Tagen", sagte Mrs. Pease, der deutlich sportlicher wurde, „spielten wir überall auf dem alten Gehöft Verstecken, und wer die Person fand, die sich versteckte, hatte Anspruch auf einen Kuss."

"Hauptstadt!" verkündete Doktor Van Cott und überlegte, welche der Misses Mapes eine wohlhabende Ärztin am meisten finden würde.

„Lass es uns jetzt spielen", rief Onkel Bertram, wohl wissend, wen er selbst am eifrigsten suchen sollte.

"Gut!" warf Mr. Mickleworth ein: „Ich werde es zuerst sein. Alle gehen in das kleine Raucherzimmer, und wenn ich ‚Coo' sage, kommen Sie heraus und suchen Sie nach mir." Zu Selma fügte er flüsternd hinzu: „Wenn du während der Suche leise ‚In the Gloaming' summen solltest, darf ich dann kratzen, um dir zu zeigen, wo ich bin?"

Miss Livermore errötete.

Nun war das Spiel natürlich nur ein Scherz, den man nicht ernst nehmen sollte, und um die Situation noch lustiger zu machen, ging Mr. Mickleworth, der in seiner Pension seine Abendgarderobe üblicherweise in einem Diwankasten aufbewahrte, direkt zum Monstrosität und kletterte hinein und schloss den Deckel über sich. Aber zufälligerweise war Mr. Mickleworths Box altmodisch und nicht mit dem neuesten Patentverschluss versehen, uneinnehmbar für diejenigen, die mit dieser Kombination nicht vertraut waren. Daher muss seine Position im dunklen Innenraum des Aufenthaltsraums für einen Moment beunruhigend gewesen sein, wenn er nicht ein großes Atemloch entdeckt hätte, das durch einen Rand vor der Beobachtung von außen verborgen war. Einige Bündel, hart und kantig, bereiteten ihm zu Füßen nur geringfügige Unannehmlichkeiten.

"Gurren!" rief Mr. Mickleworth durch das Loch, als er genügend Zeit gelassen hatte, seine Mitspieler zu rätseln. Aber für einen Moment schien es ihm, als hätten die anderen nicht fair gespielt, denn es gab Stimmen, die in seiner Nähe sprachen.

„Sag mal, du bist ein schlauer Kerl, Frenchy", bemerkte jemand mit ungewohntem Akzent. „Sie haben Ihr Bild noch in der Galerie."

„Zat ist in Ordnung", antwortete eine fremde Stimme, „ich kenne mich aus."

Nun schienen sich auch andere an der Unterhaltung zu beteiligen, und es wurde offensichtlich, dass die gesamte Firma mitgemacht hatte.

"Lass mich raus!" rief Mr. Mickleworth, aber im allgemeinen Babel hörte niemand, und bald darauf Mrs. Livermores silbrige Töne waren über den anderen zu hören.

„Es war ein sehr dummer Fehler", sagte sie. „Sie hätten wissen müssen, dass so ein hässliches Ding nichts für uns sein kann. Bitte nehmen Sie es sofort weg und seien Sie ein anderes Mal vorsichtiger beim Lesen der Adresse."

„Es tut mir leid, Mama", entgegnete jemand, „aber ich hoffe, dass du uns nicht der Firma meldest? Wir sind bloß Arbeiter."

„Sie haben wahrscheinlich getrunken", warf Mr. Livermore großmütig ein, „und da Weihnachten ist, werden wir über den Fehler hinwegsehen. Auguste, achten Sie darauf, dass sie das Holzwerk nicht zerkratzen."

"Hurra!" rief Selma freudig. „Es geht. Die Monstrosität wird weggenommen. Ich hoffe, wer auch immer sie bekommt, wird ihre Vorzüge mehr zu schätzen wissen als wir."

„Lass mich raus! Lass mich raus!" rief Mr. Mickleworth, aber zu diesem Zeitpunkt plapperten alle Gäste lauter als je zuvor.

Doktor Van Cott und die beiden Misses Mapes reichten sich die Hände und tanzten wie König David vor der Bundeslade. Herr Bertram Pease begann am Klavier die erste Auswahl zu spielen, die ihm einfiel, bei der es sich zufällig um den Hochzeitsmarsch handelte. Die anderen klatschten in die Hände und jubelten.

"Lass mich raus!" rief Mr. Mickleworth zum letzten Mal aus seinem Gefängnis, aber eine ölige Schürze war jetzt fest gegen das Loch gedrückt, und er fing die geflüsterte Bemerkung auf:

„Sag mal, Frenchy, du musst die Katze aus Versehen hineingeworfen haben."

Er fühlte sich hochgehoben, erschüttert, gekippt; Er spürte die Kälte der kalten Nachtluft, als sie durch den Spalt Zugang fand. Ihm wurde klar, dass er mit den Füßen voran in einen Lieferwagen gesteckt und schnell gefahren wurde, er wusste nicht wohin.

„Und jetzt", sagte Mr. Sellars, „halte ich es für besser, nach Mr. Mickleworth zu suchen."

„Lasst uns in der Speisekammer des Butlers beginnen", schlug Cousine Laura Fanshaw vor, nicht laut genug, dass es jemand anderes hören konnte.

Die Weihnachtsfeier suchte hoch und niedrig; Sie drangen bis in die oberen Stockwerke vor, und erst als Selma vor jeder Schranktür „In the Gloaming" gesungen hatte, gaben sie die Suche auf.

„Es ist höchst mysteriös", behauptete der Gastgeber.

„Es ist schlimmer", korrigierte ihn seine Frau; „Es ist äußerst schlecht erzogen."

„Oh, wir müssen noch einmal nachsehen", rief Selma, die jetzt wirklich verzweifelt war. „Vielleicht liegt er irgendwo, schwach und krank."

"Unsinn!" schloss sich Frau an. Bitte. „Lassen Sie ihn in Ruhe, und ich verspreche Ihnen, er wird in Kürze auftauchen und ziemlich albern aussehen. Lemuel, bitte ein Glas Wasser."

Während die gute Dame erschöpft auf einen Stuhl sank, eilte ihr hingebungsvoller Schwiegersohn ins Esszimmer, um ihren Bedarf zu decken.

„Der Eiskrug ist nicht da", sagte er und kam zurück. „Ich werde klingeln."

„Aber der Werfer muss mit dem anderen Geld an seinem gewohnten Platz auf der Anrichte sein", protestierte seine Frau.

„Aber das ist es trotzdem nicht", beharrte er. „Auf der Anrichte ist nichts, nichts. Kommen Sie vorbei und überzeugen Sie sich selbst."

Dies gab Anlass zu dem spielerischen Aphorismus über die Unfähigkeit des Menschen, über seinen Tellerrand hinauszusehen, doch plötzlich ertönte ein Schrei von Mrs. Livermore bestätigte die Aussage ihres Mannes.

„Mein Krug!" sie weinte mitleiderregend. „Mein Silbergeschirr! Meine Epergne! Wo sind sie geblieben? Wo ist Auguste?"

„Auguste", sagte Mary Anne, die nun voller Aufregung die Küchentreppe hinaufrannte, „ist auch gegangen. Er ist mit dem Sofa im Lieferwagen davongefahren."

„Mit dem Sofa?"

„Ja, Ma'am, ich sitze darauf."

"Beraubt!" rief Mr. Livermore mit einem Blitz voller tiefer Überzeugung, und die ganze Gesellschaft wiederholte in einem hohlen Chor:

"Beraubt!"

Aber Mr. Livermores Blitz genügte nach der Art solcher Flüssigkeiten nicht, auch nur ein einziges Mal ins Schwarze zu treffen.

„Es war eine tiefe Verschwörung", fuhr er fort und wurde hellsichtig, „und zehn zu eins war der junge Mickleworth-Mann an der Verschwörung beteiligt."

„Du sollst nicht so schreckliche Dinge über ihn sagen, Papa", rief Selma.

"Ein Dieb!" beharrte Mr. Livermore und ignorierte sie. „Ein verkleideter Bösewicht! Ich glaube nicht, dass dieser Betrüger jemals der alte Freund von Cousin Dick war."

„Oh, Papa", unterbrach Selma zitternd; „Dick selbst hat mir Mr. Mickleworth letzten Sommer in Southampton vorgestellt. Ich habe dir nichts davon erzählt, bis du ihn kennengelernt und gesehen hast, wie nett er ist."

"Hübsch?" hat ihre Mutter verschwendet. "Hübsch?"

„Ja, Mama", rief Selma schluchzend, aber immer noch unerschrocken; „furchtbar nett, und er kann die respektvollsten kleinen Notizen schreiben."

"Anmerkungen?" schrie ihre Mutter. „Selma, du stehst da und erzählst mir, dass du mit einem Einbrecher korrespondiert hast? Oh, dass ich diesen Tag noch hätte erleben sollen!"

Fräulein McCunn hatte sich sehr verstört in das Raucherzimmer zurückgezogen, wo Herr Bertram Pease alles tat, was er konnte, um sie zu trösten. Doktor Van Cott hatte auf der Treppe jede der Misses Mapes mit einem unparteiischen Arm umarmt. Cousine Laura Fanshaw weinte hinter einem Wandschirm ausgiebig am linken Revers von Mr. Sellars.

„In meinen jungen Tagen", sagte Mrs. Pease: „Wir haben sowohl unsere Kinder als auch unser Besteck genauer im Auge behalten."

„Mutter", rief Frau. Livermore: „Machen Sie die Dinge nicht noch schlimmer, indem Sie Ärger machen. Die arme Selma leidet genug."

„Ich leide überhaupt nicht", protestierte Selma energisch. „Mein Glaube an George bleibt unerschüttert."

"George!" rief ihre Mutter. „Lemuel, hörst du?"

„Das tue ich", antwortete Mr. Livermore, „und ich werde mit Georges Fall warten, sobald ich Mulberry Street am Telefon erreichen kann."

"Stoppen!" schrie seine Frau; „Wir müssen einen Skandal vermeiden."

Nun klingelte es erneut an der Tür, die an diesem ereignisreichen Abend so rege Anteil genommen hatte. Es folgte Stille, während man die Gestalt von Bates durch die Halle schreiten sah. Dann erschien er fast mit seiner gewohnten Würde, wenn auch etwas blass und nass am Kopf, wieder.

„Herr Mickleworth!" er kündigte an.

"Ich wusste es!" Selma weinte vor Jubel.

Und Mr. Mickleworth war in Wahrheit sehr zerzaust, was seine Kleidung anging. Auf seiner zerknitterten Hemdbrust lag ein Schlammstreifen, und sein Abendmantel ließ auf einen aktiven Kampf schließen. An jeder Schulter hing ein Nasenbeutel, wie ihn Fuhrleute zum Füttern von Pferden auf der Straße verwenden, und jeder Beutel war mit unschätzbaren silbernen Erbstücken gefüllt. Hinter ihm kam ein unerschütterlicher Diener des Gesetzes, der den Eiskrug der Familie auf einem riesigen Tablett trug.

„Ah, ha!" rief Mr. Livermore selbstgefällig. „Also, ho! ‚Mit der Ware erwischt', wie Sie offiziell sagen. Sie haben gute Arbeit geleistet, Offizier, und die Arbeit dieser Nacht wird nicht unbelohnt bleiben."

„Ich war es nicht", protestierte der Polizist ungrammatisch; „Dieser junge Kerl hier hat alles selbst gemacht."

„Das wissen wir bereits", sagte Frau. Livermore.

„Sei still, mein Kind, bis wir die Geschichte hören", warf Frau ein. Pease, die normalerweise Einwände gegen die Methoden ihrer Tochter hatte.

Und der Polizist erzählte seine Geschichte.

„Dieser junge Kerl hier", sagte er mit großzügigem Eifer, „muss ein ganz normaler Herculaneum sein. Er brach das Schloss auf, stoppte den Lieferwagen und warf zwei der Räuber außer Zeit. Als ich heraufkam, packte er den Franzosen an der Kehle." , ihn im Schlamm wälzend. Alles was ich tun musste, war die Streife anzurufen und ihm zu helfen, das Zeug direkt zu Ihnen zurückzubringen, damit Sie es erkennen können.

"Hm!" sagte Herr Livermore. „Ähem! Ähem!"

„Papa", rief Selma, während Tränen des Triumphs ihre Augen noch strahlender machten, „wirst du George nicht die Hand schütteln?"

Und daraufhin schüttelte Mr. Livermore George herzlich die Hand.

„Papa", sagte Selma, „willst du George nicht sagen, dass sein Anteil an der Arbeit dieser Nacht nicht unbelohnt bleiben wird?"

„Oh, sagen Sie ihm das selbst", rief die alte Frau. Bitte ungeduldig.

Im Salon spielte Herr Bertram Pease den Hochzeitsmarsch.

DIE PRIESTERIN VON AMEN RA

Im kalten Licht, das durch das hohe Studiofenster fiel, wirkte Frank Morewoods Gesicht fast eingefallen, und sicherlich zitterte die rechte Hand, die das kleine Quadrat Fotopapier hielt, merklich. Seine linke Hand behielt noch immer seinen Handschuh, obwohl er schon seit einer halben Stunde George Dunbartons Gast war; Seinen Hut hatte er auf den Kopf geschoben, den Stock unter dem Arm, als hätte er alles außer dem Negativ vor seinen Augen vergessen.

„Dunbarton", fragte er mit offensichtlicher Bemühung um Unbekümmertheit, „ist das ein alberner Streich, den Sie mir gespielt haben?"

Der andere, offenkundig ungeduldig, zuckte unter der samtenen Malerjacke mit den Schultern und machte einen Schritt auf den friesischen Schrank zu, auf dem eine Schachtel Zigaretten lag.

„In der Tat ein Trick!" wiederholte er über das brennende Streichholz hinweg. „Du denkst bestimmt, ich habe sehr wenig im Kopf!" Dann, unter dem inspirierenden Einfluss des Melachrino, drückte sich sein berechtigter Unmut über die Anklage noch vehementer aus. „Du stürmst über mich herein wie ein wilder Mann; du bestehst darauf, dass ich mit meiner ernsthaften Arbeit zur Entwicklung deines elenden kleinen Films aufhöre; du beobachtest jeden Schritt des Prozesses mit dem wenig schmeichelhaftesten Misstrauen, und jetzt, beim Himmel, bist du es nicht." befriedigt!"

„Dunbarton", antwortete Morewood ruhig und hielt den Abdruck über seinen Kopf, „Sie können sich nicht vorstellen, was das für mich bedeuten könnte; die Sache ist zu seltsam, zu seltsam."

Dunbarton blies nachdenklich einen Rauchring zur Decke. „Diese Amateur-Schnappschüsse sind normalerweise ein bisschen seltsam", gab er zu, „sie werden dem Thema selten gerecht, vor allem nicht in den Augen der glühenden Bewunderung. Behalte deinen Schatz lieber versteckt, alter Mann, wenn du das nicht willst." ganz ausblenden. Es ist nicht behoben, wissen Sie, es ist nur ein Negativ.

„Es ist das Positivste, was jemals auf die Welt gekommen ist", behauptete sein Besucher; „das Wahrste, das Wunderbarste."

„Und das Gleiche gilt für zwanzig andere hübsche Gesichter, mein lieber Junge", drängte der Vertraute. „Jedes Wunder dauert normalerweise etwa einen Monat."

„Dieses Wunder hat dreitausend Jahre und mehr überdauert", erwiderte Morewood und betrachtete das Foto erneut mit ehrfürchtiger Ehrfurcht.

„Ein Fall von Reinkarnation, nehme ich an?" schlug der andere leichthin vor, mit einem Blick auf seine vernachlässigte Staffelei, der als Hinweis hätte aufgefasst werden können. „Entschuldigen Sie, wenn ich das Meisterwerk ein wenig beschmiere, solange es noch hell ist?" er fügte hinzu. „Geht; nein? Nun, ich bin froh, dass du bleibst. Ärger? Oh, überhaupt keiner. Ich bin immer froh, einem Freund einen Gefallen zu tun. Natürlich solltest du lernen, wie man diese kleinen Dinge macht, wenn du dich später mit der Fotografie beschäftigen willst Dinge für sich selbst. Und besorgen Sie sich übrigens eine anständige Kamera statt einer Cheap-Jack-Kaufhaus-Affäre, wie sie jeder Seeing New Yorker über seine Schulter geworfen hat. Gehen Sie bitte aus dem Licht. Setzen Sie sich! Machen Sie mit Dein Hut; nimm eine Zigarette; mach es dir bequem, verwirre dich!"

„Danke, alter Mann", antwortete Morewood, „ich werde nicht rauchen; und was die Arbeit heute Nachmittag betrifft, möchte ich Ihnen etwas sagen, das Ihnen für eine Weile alle anderen Gedanken aus dem Kopf verdrängen wird. Ich möchte es Ihnen sagen." derzeit das Wunderbarste, was jemals auf der Welt passiert ist.

"Großartiger Scott!" der Künstler stöhnte; „Ist es so schlimm? Bitte halten Sie Ihren Stock etwas weiter von meiner Leinwand entfernt, wenn es Ihnen nichts ausmacht."

„Das ist eine ziemlich lange Geschichte", gab Morewood zu und entledigte sich des Stocks.

„Die meisten von Ihnen sind es!" warf sein Freund ein.

Schon begannen die Schatten in das geräumige Atelier des Malers einzudringen; lauerte in den Falten flämischer Wandteppiche und orientalischer Stoffe und füllte entfernte Ecken, wo das Glitzern von Stahl- und Kupferarmen und Arabesken an die funkelnden Augen schelmischer und überirdischer Zuhörer erinnerte. Wenn es für alles eine Zeit gibt, ist die frühe Dämmerung die Jahreszeit zum Geschichtenerzählen, und der Maler verspürte weitaus weniger Zurückhaltung, als er vorgab, als er sich damit abgab, zuzuhören. Er warf sich auf ein Sofa, klatschte in die Hände um ein hochgezogenes Knie und sagte: „Fangen Sie an, Alter, ich bin ganz vorsichtig."

Morewood nahm seinen Hut ab, bestieg einen Stuhl und stützte beide Ellbogen auf seinen Rücken.

„Dunbarton", bemerkte er einleitend, „ich nehme an, Sie haben noch nie etwas vom College of Amen Ra gehört?"

"Niemals in meinem Leben!" der andere gab offen zu. „Wo unter der Sonne könnte die Hochschule von Amen Ra sein?"

„Nicht mehr irgendwo unter der Sonne", antwortete Morewood, „aber es war etwa sechzehnhundert Jahre vor Christus in Theben, soweit ich mich erinnern kann."

„Beinahe genug", stimmte Dunbarton freundschaftlich zu. „Wir werden nicht zulassen, dass ein Jahrhundert oder so eine Erzählung verzögert, die dreitausend Jahre umfassen soll."

„Machen Sie keine voreiligen Schlüsse!" protestierte Morewood. „Die Geschichte, wie ich sie kenne, reicht nicht weiter zurück als in die frühen Sechziger, als eine Gruppe von fünf Freunden aus Philadelphia –"

„Quäker?" fragte der Maler.

"Ich weiß nicht!" antwortete der andere, nicht ohne einen Anflug von Verärgerung. „Fünf Bekannte, gebildete und wohlhabende Männer, die im Laufe ihrer Reise den Nil bis zum ersten Katarakt hinaufstiegen. Sie blieben eine Woche in Luxor, mit der Absicht, insbesondere die Stätte der großen Stadt Theben zu besichtigen sein wunderbarer und mystischer Tempel von Amen Ra, der auf Erden wegen der Erhabenheit seiner zerstörten Pracht seinesgleichen sucht –"

„Weitere Einzelheiten finden Sie bei Baedeker!" murmelte Dunbarton.

„In der Nacht ihrer Ankunft", fuhr der Erzähler fort, ohne auf die Unterbrechung zu achten, „gab der Konsul Mustapha Aga zu ihren Ehren ein Fest. Es war mitten in diesem Fest und während eines Tanzes der Gaivasi-Mädchen von." Luxor, dass ein seltsamer Nomade aus der Wüste unerwartet auftauchte. Der Scheich Ben Ali hieß er, und sein Auftrag bestand darin, Mustapha Aga über die Entdeckung eines Objekts von ungewöhnlichem Interesse in der Nähe einer bestimmten Oase zu informieren ein Mumienkoffer von überragender Schönheit, der einst den Körper einer Hohepriesterin von Amen Ra beherbergte.

"Festhalten!" Dunbarton unterbrach ihn und ließ sein Knie los. „Ihr Lokalkolorit ist so intensiv, dass ich das Gefühl habe, dass ich Gefahr laufe, mich dafür zu interessieren."

„Warte nur, bis ich ein wenig weiter komme", antwortete Morewood mit einem Anflug von Triumph; „Ich wünschte nur, du könntest die Geschichte so hören, wie sie mir erzählt wurde."

„Von wem, wenn man fragen darf?" fragte Dunbarton und sein Freund antwortete eindrucksvoll:

„Von einem ehrwürdigen Mann, den ich zufällig am späten Nachmittag im Ägyptischen Raum des Metropolitan Museum traf – ein seltsamer alter Mann, schlecht gekleidet, der aber offensichtlich schon bessere Tage gesehen hatte, denn er war viel im Osten gereist und wusste Bescheid dem Land gut.“

„Ich kenne den Typ“, kommentierte Dunbarton, „und zweifle nicht daran, dass Ihr gelehrter Freund am Ende dazu überredet wurde, einen unbedeutenden Kredit anzunehmen –“

„Das hat nichts mit der Geschichte zu tun“, erwiderte Morewood. „Wie weit war ich gekommen?“

„Bei den letzten Berichten waren Sie in Luxor“, sagte der andere, „und haben an einem informellen kleinen Tanz der Gaivasi-Damen teilgenommen.“

„Ja, ja“, rief Morewood und nahm seinen Thread wieder auf. „Es war tatsächlich eine Szene, die die Fantasie des Reisenden fesselte.“

„Kümmere dich nicht um die Szene!“

„Das habe ich nicht vor. Begleitet von Mustapha Aga und seiner Wache verließen sie das Fest und folgten dem geheimnisvollen Scheich hinaus in die Wüste zu einem Palmenhain, wo, im ägyptischen Mondlicht getaucht, die wunderbare Mumie lag–“ Kasten."

„Was ist aus der Mumie geworden?“ fragte Dunbarton.

"Stille!" flüsterte Morewood ehrfürchtig. „Hören Sie sich die Geschichte an. Der Koffer war zwar durchgehend mit überragender Kunstfertigkeit dekoriert, aber am bemerkenswertesten war die außerordentliche Schönheit des Frauengesichts, das an seinem oberen Ende abgebildet war, in Farben, die dem Zahn der Zeit getrotzt hatten.“

„Ich kenne die Art!“ der Maler setzte ein. „Flache Nase, breiter Mund, zwei starrende Augen, das könnten entweder rechte oder linke sein.“

„Die Kunst dieser Zeit war, wie wir wissen, konventionell“, entgegnete Morewood, „und genau diese Tatsache machte dieses besondere Gemälde so bemerkenswert, denn es war realistisch und lebendig; es vermittelte tatsächlich einen deutlichen Eindruck von Persönlichkeit.“ ."

"Oh wunderbar!" murmelte Dunbarton.

„Das Erstaunlichste auf der Welt, wie Sie gleich selbst zugeben werden“, fuhr der Geschichtenerzähler fort. „Sie können glauben, dass die Reisenden überglücklich waren, die ersten Außenstehenden zu sein, denen der Schatz gezeigt wurde. Sie waren nicht nur talentierte und kultivierte Männer, sondern jeder war auch in der Lage, den sehr moderaten Preis zu zahlen, den der Scheich verlangte, und sie verloren.“ Keine Zeit, den Handel abzuschließen. Um Streit zu vermeiden, haben sie untereinander das Privileg ausgelost, Besitzer des Mumienkoffers zu werden."

Hier machte der Erzähler eine wirkungsvolle Pause und Dunbarton nutzte die Gelegenheit, um sich eine weitere Zigarette anzuzünden.

„Zuerst", fuhr Morewood fort, „schien das Glück dem Ältesten der Partei zugute gekommen zu sein, der für mich einfach als Mr. bezeichnet wurde. er verzichtete auf seine Rechte zugunsten der zweithöchsten Zahl, nach einer Besitzdauer von kaum dreißig Sekunden. Herr P. wurde fortan alleiniger Besitzer des begehrten Objekts. Die Umstände, die im Laufe einiger Monate dazu führten, brauche ich jetzt nicht aufzuzählen zur Übertragung des Eigentums nacheinander an die verbliebenen Mitglieder der Gesellschaft, Herrn G. und Herrn Q. Aber hier beginnt das Rätsel.

Eine weitere dramatische Pause und die Stimme des Sprechers wurde tiefer.

„Innerhalb eines Jahres verlor P. sein Leben durch die Explosion eines Vogelgeschützes ohne ersichtlichen Grund; G. verschwand beim Baden im Nil in der Nähe eines Krokodilbeckens, und Q., nach einer Zeit der Gefangenschaft unter feindlichen Arabern, starb an einem Schlangenbiss. Mr. brachte ihren Unmut auf überzeugendste Weise zum Ausdruck.

„Wer zum Teufel war sie?" fragte Dunbarton.

„Na, die Mumie, wie ich dir hätte sagen sollen."

„Aber das hast du nicht", bemerkte der Maler. „Und warum glauben Sie, dass sie unzufrieden war?"

„Weil sie", antwortete die andere überzeugt, „im Leben an Verehrung, Anbetung und Liebe gewöhnt war und es ihr natürlich nicht gefiel, wenn ihr Sarg von einem Ort zum anderen geworfen wurde."

„Ich verstehe", gab Dunbarton ernst zu, aber mit dem Verdacht eines unterdrückten Gähnens. „Was ist aus dem Sarg geworden?"

„Es war inzwischen nach Germantown verschifft worden, als Geschenk an die Tante des letzten Besitzers, einer Dame mit ihrem bisher makellosen Ruf, die fast sofort Kokain konsumierte."

„Was? Kokain in den Sechzigern?" rief der Maler gesprächig.

„Vielleicht war es Opium", gab Morewood zu. „Jedenfalls ließ sie sich auf etwas Bösartiges ein, verlor alles, was sie hatte, und verkaufte die kostbare Reliquie schließlich an eine Mrs. Meiswinkle aus Tuckahoe, die ihr einen auffälligen Platz in ihrer Baronialhalle einräumte."

„Die ohne Versicherung sofort niederbrannte", fügte Dunbarton hinzu.

„Zufälligerweise war das nicht der Fall", antwortete Morewood energisch. „Aber von diesem Tag an wurde die Familie von einem Unglück nach dem anderen heimgesucht – Schwierigkeiten, Enttäuschungen, Verluste. Ich kenne alle Einzelheiten, falls Sie sie hören möchten."

Dunbarton machte eine ausladende Geste der Verneinung, und sein Freund fasste zusammen: „Zufälligerweise erhielt diese Frau Meiswinkle, die so etwas wie eine Amateurin im Okkultismus war, eines Tages Besuch von einem bekannten Kenner der Theosophie Er stammte aus Thibet und war dementsprechend hochsensibel. Kaum hatte er das Haus betreten, verkündete er die Anwesenheit eines unheilvollen Einflusses. „Hier ist etwas", rief er, „das einfach nur Unglück ausstrahlt."

„Außergewöhnlicher Scharfsinn!" murmelte Dunbarton, nachdem er das Gähnen überwunden hatte.

„Natürlich", fuhr Morewood fort, „brauchte ein Experte nicht lange, um den Mumienfall zu identifizieren, und natürlich ließ sich nicht lange eine Fülle von Beweisen anhäufen, die die Behauptung des Adepten untermauerten. All das Unglück, das seinen jüngsten Besitzern widerfahren war." wurden schnell auf direkte Weise auf den Besitz des mysteriösen Sarges zurückgeführt, und am Ende brauchte Frau Meiswinkle keine große Überredung, sich von dem Ding für immer zu befreien."

"Wie?" fragte Dunbarton.

„Sie hat es der Stadt New York geschenkt."

"Edelfrau!" rief der Maler. „Dieser einfache Akt des Patriotismus kann viel bewirken!"

Es war eine leichtfertige Bemerkung, aber Morewood hatte mehr als einmal bemerkt, dass sein Begleiter über die Schulter blickte, als eine Brise aus den offenen Fenstern ein Stück Vorhang bewegte, obwohl das Studio immer noch von einem goldenen Sonnenuntergang gut beleuchtet war. Die Art des Geschichtenerzählers hätte einen Stoiker nervös gemacht. Seine Muskeln zuckten, seine Augen leuchteten und seine Haltung war die eines Menschen, der entschlossen war, die Last eines mächtigen Geheimnisses abzuwerfen.

„Dunbarton", sagte er feierlich, „dieser Mumienkoffer steht in diesem Moment in der oberen Ecke des ersten ägyptischen Zimmers, das im Katalog mit der Nummer 22.542 nummeriert ist und auf dem steht: ‚Deckel des ägyptischen Sarges, ausgegraben in Theben' und der Name." des Spenders; nichts weiter. Kein Wort darüber, dass diese arme Hülle aus Pappmaché einst den sterblichen Körper einer Priesterin von Amen Ra enthielt; kein Hinweis auf ihre überragende Schönheit außer den Zügen, über die ihr Maler spottet, und der schlecht gezeichneten die Hände auf der Brust gekreuzt. Sie ist verschwunden, sie ist vergessen – sie war das schönste Werk der Natur!"

„Frank", sagte Dunbarton, „hat Ihre Geschichte etwas mit Ihrem Kodak-Film zu tun?"

"Ja, alles!" erklärte Morewood und sprach schnell. „Hören Sie. Heute habe ich meine Kamera ins Museum geschmuggelt und stand unentdeckt vor dem Mumienkoffer. Aber kaum hatte ich den Knopf gedrückt, wurde ich von einem Beamten festgenommen, der die Maschine beschlagnahmte und in den Paketraum brachte. Ich habe keine Zeit verloren, den Direktor zu finden, habe meinen und Ihren Namen als Bürgschaft für meine Seriosität abgegeben und nach einiger Verzögerung und Bürokratie mein Eigentum zurückbekommen."

„Du hattest Glück", kommentierte der andere kühl. „Die Regeln sind sehr streng. Na? Ist das das Ende?"

"NEIN!" rief Morewood, „nur der Anfang, wie ich fest glaube. Ich bin jetzt dabei, Ihnen von einer außergewöhnlichen Tatsache zu erzählen, die ich bisher absichtlich verschwiegen habe." Dunbarton seufzte.

„Ich werde Sie erschrecken", fuhr Morewood fort. „Während sich der Sarg noch im Besitz von Frau Meiswinkle befand, schickte sie unter der Leitung des Theosophen einen Sachverständigen und ließ ein Foto des Deckels machen, mit allen möglichen Mitteln gegen Enttäuschung oder Fehler."

Er sprach mit zitternder Überlegung; Jetzt erhob er sich, und seine auf die Wand über dem Kopf seines Zuhörers gerichteten Augen schienen über deren Grenzen hinauszuschauen.

„George, ich würde dir das nicht sagen, wenn ich nicht den Beweis für die Wahrheit gehabt hätte, den selbst ein Spötter wie du kaum in Frage stellen kann. Als die Platte entwickelt wurde, waren es nicht die gemalten Merkmale des Mumiengehäuses, die auf dem Negativ zu sehen waren. aber – das Gesicht einer lebenden Frau! Das Gesicht der Priesterin von Amen Ra, unverändert über dreitausend Jahre und *lebendig* !"

„Das muss sie erschüttert haben!" Dunbarton kommentierte respektlos. „Es lief ziemlich gut, sogar für Thibet." Doch seine Zigarette fiel unbeachtet zu Boden.

„Und merken Sie sich, George", sagte Morewood sehr ernst, „es war dasselbe Gesicht, ich habe nicht den geringsten Zweifel, das Sie und ich heute vor uns erscheinen sahen, dasselbe seltsame, wunderbar schöne Gesicht, das ich habe." jetzt in meiner Hand.

"Von Jove!" rief Dunbarton, der sich sofort der geheimnisvollen Bedeutung dieser Aussage bewusst wurde. „Aber du kannst es nicht wirklich glauben –"

„Ich glaube nichts, was ich nicht gesehen habe", behauptete Morewood. „Nichts, was Sie nicht selbst gesehen haben. Auch ich war zunächst ungläubig; ich lachte über die Geschichte des Fotografen als die Erfindung eines gestörten Gehirns; aber sie nahm Besitz von mir, verfolgte mich Tag und Nacht, bis ich mich entschied um mir selbst zu beweisen, dass es völlig unmöglich ist. Ich kaufte eine Kamera, brachte sie ins Museum, wie ich Ihnen erzählt habe, und kam mit dem Ergebnis direkt hierher. Sie selbst haben den Film entwickelt; Sie haben das Gesicht erscheinen sehen; wenn Sie mir eines empfehlen können Andere Erklärung des Geheimnisses, im Namen des Himmels, lasst uns vernünftig darüber diskutieren."

„Lassen Sie mich noch einmal auf die Glasfolie schauen", schlug Dunbarton leise vor. Er nahm die glimmende Zigarette, trat an die Seite seines Freundes und blickte lange und ernst auf die Glasfolie. Beide Männer schwiegen eine Zeit lang, so still, dass sie ihre eigenen Herzen schlagen hörten.

„Sie ist wirklich wunderschön", sagte der Maler schließlich. „In unseren Augen scheint sie etwa zwanzig Jahre alt zu sein, obwohl östliche Frauen schon früh zur Vollkommenheit gelangen. Das Diadem auf ihrer Stirn ist meiner Meinung nach die zweihörnige Krone der Isis Zeit vor den Pharaonen, aber die Art des Merkmals ist kaum orientalisch.

„Aber Kleopatra war eine Blondine", schlug Morewood vor.

„Stimmt", stimmte der andere zu, „und möglicherweise unterschied sich die Rasse vor dreitausend Jahren erheblich von den degenerierten Sphinx-ähnlichen Persönlichkeiten der Hieroglyphen. Wir müssen Biggins vom Smithsonian dazu bringen, uns seine Meinung zu sagen."

"Niemals!" rief Morewood und drückte sich das Negativ in die Brust.

„Aber im Interesse der Wissenschaft –" protestierte Dunbarton.

"Wissenschaft?" Morewood kehrte verächtlich zurück; „Was hat die Wissenschaft damit zu tun? Welches Recht habe ich, das Vertrauen einer Dame zu missbrauchen?"

Dunbarton machte ein Zeichen der Ungeduld. „Eure Dame ist schon seit dreitausend Jahren oder länger tot", bemerkte er.

"Das ist nicht wahr!" der andere widersprach herzlich. „Ich sage dir, Mann, diese Frau lebt heute. Bitten Sie mich nicht, das Unerklärliche zu erklären. Ich weiß einfach, dass sie lebt, so jung und unschuldig, wie jedes Merkmal ihres Gesichts es verrät. Seit Jahren, seit Jahrhunderten vielleicht." , sie hat versucht, sich den dummen Unmenschen zu erkennen zu geben, die nicht in der Lage waren, es zu begreifen. Aber jetzt, Gott sei Dank, hat sie mich ausgewählt, um ihren Willen zu tun – was auch immer er sein mag – und ich werde ihr mein Leben weihen!"

Während er sprach, wurde er sehr blass, aber in seinem Gesicht lag eine gespannte Freude.

„Sehen Sie, alter Mann", entgegnete Dunbarton freundlich und legte ihm eine Hand auf die Schulter, „Sie sind gerade ziemlich überreizt, und das kann ich Ihnen nicht verübeln. Aber hören Sie auf den Rat eines Freundes und lassen Sie sich nicht aufregen." Mädchen, das so viel älter ist als du. Es wird nie gut ausgehen.

„Das ist meine Sache!" sagte Morewood verbissen.

"Natürlich, natürlich!" Dunbarton stimmte zu. „Sie ist furchtbar hübsch, das gebe ich zu, und zweifellos gut vernetzt; aber selbst wenn wir ihre spielerische Art, Menschen zu töten, außer Acht lassen, denken Sie an die Schwierigkeiten, sich zu treffen, und so etwas."

„Ich bin bereit, ihr alles zu überlassen", sagte Morewood. „Eine Priesterin von Amen Ra muss zu diesem Zeitpunkt jedes Geheimnis über Leben und Tod gelernt haben, und ich bin zuversichtlich, dass ich ihr zur richtigen Zeit und am richtigen Ort von Angesicht zu Angesicht begegnen werde."

„Alter Junge", verkündete Dunbarton mit Überzeugung, „was Sie brauchen, ist eine gute Nachtruhe."

Aber Morewood antwortete nicht darauf, denn das sanfte Schwanken eines orientalischen Vorhangs fiel ihm gerade ins Auge. Es hing vor der offenen Tür des Ateliers, und die Bewegung könnte von einem Hauch der Luft herrühren. Aber sofort passierte es wieder, und dieses Mal begleitet von der Vision einer menschlichen Hand, offensichtlich auf der Suche nach etwas, worüber man klopfen konnte.

„Da ist jemand", sagte der Maler, dessen Blick dem des anderen gefolgt war, und sprach leiser: „Möglicherweise ein Modell auf der Suche nach Arbeit." Dann erhob er seine Stimme zu einem aufmunternden „Komm rein!" – dem Tonfall, den Maler gegenüber Models verwenden, die oft hübsch und manchmal schüchtern sind.

Morewood achtete nicht darauf; Er stand wie gebannt da und beobachtete den schwankenden Vorhang. In seinen Fingerspitzen kribbelte ein seltsamer elektrischer Strom, und in seinen Pulsschlägen raste eine unvernünftige Hoffnung. Dann sagte Dunbarton etwas lauter:

„Kommen Sie herein; bitte kommen Sie herein.“

„Ich glaube, der Vorhang muss zugezogen sein“, antwortete eine leise, melodische Stimme draußen. Dunbarton machte drei Schritte durch das Zimmer, ergriff den Vorhang und fegte ihn mit einer einzigen Armbewegung beiseite.

"Oh!" „, schrie er und machte einen Schritt zurück, während Morewood sich stützend am Tisch festklammerte. Dann erholten sich beide Männer sofort und verneigten sich wie in der Gegenwart einer Königin. Und das könnten sie auch.

Vor dem Hintergrund eines grünen Samtvorhangs mit mattgoldenen Stickereien stand eine Dame ganz in Mohnrot, gekrönt mit einem Kopfschmuck, der aus den Blumen selbst zu bestehen schien. Es war nicht das Kleid irgendeiner Epoche, denn seit Anbeginn der Zeit sind Blumen gewachsen, die Frauen tragen konnten, und die beiden Zuschauer, die männlich waren, wussten nur, dass sie sie trug, und kümmerten sich nicht darum, ob sie in Eden geblüht hatten oder nicht die Rue de la Paix. Die Zeit wurde für einen Moment ausgeschaltet, ignoriert: Die Jahrhunderte rollten davon wie Tautropfen von einer Rose, denn verneigten sie sich nicht durch die Gnade von Isis und Osiris vor der unvergleichlichen Priesterin der Riten von Amen Ra? Sie war es und niemand anderes – die Herrin des Mumienkoffers, das Geheimnis des Kodak-Films; die Dame von Theben vor dreitausend Jahren.

Morewood fuhr sich mit der Hand über die Stirn und hielt den Atem an; Dunbarton war der erste, der die Fähigkeit der Sprache wiedererlangte.

„Madam“, sagte er und seine Stimme zitterte ein wenig, „Sie erweisen mir eine viel zu große Ehre. Was ist Ihr Wille? Sie müssen mir nur befehlen.“

„Ich erlaube mir, einen Voranspruch geltend zu machen, Ihren Wünschen nachzukommen“, warf Morewood ein und trat schnell vor.

Die Priesterin von Amen Ra versuchte ein kleines Lachen zu unterdrücken, scheiterte jedoch auf bezaubernde Weise. „Ich suche einen Mr. Dunbarton“, erklärte sie.

Der Maler richtete sich auf und verbeugte sich würdevoll. „Ich habe das Glück, diesen Namen zu tragen“, sagte er und machte einen Seitenschritt, der seinen Freund ein wenig in den Hintergrund rückte.

„Oh, ich bin so froh!" rief die Dame. „Dann können Sie mir vielleicht sagen, wo ich einen Mr. Morewood finden kann?"

„Euer bescheidener und hingebungsvoller Diener!" Der andere Mann meldete sich zu Wort und führte ein Manöver durch, das Dunbarton völlig in den Schatten stellte.

"Wirklich?" fragte die Dame, ihr Gesicht strahlte vor Vergnügen. „Was für ein Glück!"

Bei diesen Worten strahlte Morewood geradezu vor Zufriedenheit, aber sie fuhr schnell fort, in einer silbrigen Welle weiblicher Erzählung:

„Wissen Sie, Mr. Morewood, dass Sie etwas von mir haben und ich etwas von Ihnen? Es war nicht meine Schuld und es war auch nicht Ihre; es war die dumme Person im Paketraum des Museums. Von Natürlich sind zwei Kodaks genau gleich, wenn nicht einer von ihnen mit einer Nadel einen Namen auf der Unterseite eingeritzt hat; aber ich nehme nicht an, dass er nie daran gedacht hat, nachzuschauen, also hat er dir meinen gegeben und mir deinen, und das sollte ich auch nie tun Ich hätte herausgefunden, wer du bist, wenn du nicht verhaftet worden wärest. Natürlich hätte es keinen großen Unterschied gemacht, wenn mein Cousin Jack mich nicht in einem äußerst lächerlichen ägyptischen Kostüm gezeigt hätte."

Dunbarton stöhnte vor unterdrückter Qual, und Morewoods Gesicht hätte in der Farbe ein Fragment des Priestergewandes von Ra sein können.

"Oh!" stöhnte der Maler, „wenn ich nur heulen könnte!"

„Kümmern Sie sich bitte nicht um ihn!" flehte der andere Mann. „Sehen Sie, ich hatte auch einen Film verwendet, und wir waren ziemlich daran interessiert, zu sehen, wie er herauskam."

„Oh, aber deins ist wunderschön geworden!" sie beruhigte ihn. „Mein Cousin Jack hat es nach dem Mittagessen entwickelt. So haben wir den Fehler entdeckt, und hier ist er. Wir kamen zu dem Schluss, dass man mindestens fünfundsiebzig Jahre alt sein muss, um einen abscheulichen Mumienkoffer fotografieren zu wollen."

Damals erlangte Dunbarton seine Selbstbeherrschung und wurde sich der Pflichten der Gastfreundschaft wieder bewusst.

„Tausend Verzeihung!" Er protestierte, „weil ich Ihnen keinen Sitzplatz angeboten habe. Wie Sie sehen, ist dies eine Malerwerkstatt und daher in gewisser Weise öffentliches Eigentum. Darf ich Ihnen eine Tasse Tee vorschlagen? Es wird keine Minute dauern, bis ich nach einer Aufsichtsperson rufe." ."

Die Priesterin lachte liebenswürdigerweise.

„Ich hätte gerne Tee", sagte sie mit einem zustimmenden Blick durch das Zimmer, das vom letzten Rest eines langen Sonnenuntergangs überflutet war; „Aber wenn es Ihnen nichts ausmacht, ich hasse Begleitpersonen. Wissen Sie, ich komme aus Oklahoma."

Es gab einen Moment des Zögerns, dann:

„Mein Freund, Mr. Morewood", bemerkte der Maler, „hat mir gerade die seltsamste Geschichte der Welt erzählt. Vielleicht können Sie ihn dazu bewegen, sie für Sie zu wiederholen."

Er lachte spöttisch und drehte sich um, um sich mit dem silbernen Teeservice zu beschäftigen, das auf einem Adams-Tisch stand, während Morewood einen niedrigen Stuhl für die Dame heranzog.

„Ist deine Geschichte romantisch?" fragte sie, während sie ihre mohnblumenfarbenen Rüschen zurechtrückte; „Hat es eine Heldin?"

„Oh ja, in der Tat", antwortete er, ohne Dunbarton in das Vertrauen einzubeziehen. „Keine geringere Persönlichkeit als die Priesterin von Amen Ra."

Sie blickte ihn misstrauisch an, während der Hauch einer Röte ihre Wange überzog.

„Steht darin etwas über Fotos?" fragte sie und betrachtete ihn trotzig.

„Ja", antwortete er, „das gibt es; eine ganze Menge!"

„Dann möchte ich es nicht hören, denn es ist sicher dumm", protestierte sie schmollend.

„Das ist es", sagte er ihr offenherzig; „Und ich werde es dir jetzt nicht zufügen. Aber eines Tages, wenn wir uns besser kennen."

„Wir brechen morgen früh nach Boston auf", unterbrach sie; „Und von dort fahren wir wegen Mamas Heuschnupfen nach Bar Harbor. Wir übernachten im Waldorf."

„Dann werde ich die Kamera heute Abend zurückgeben", sagte Morewood.

„Wenn ja", sagte sie, „wird sich mein Cousin Jack sehr freuen, mit Ihnen über Fotos zu sprechen."

„Wie alt ist dein Cousin Jack?" fragte Morewood.

„Zwölf", antwortete die Dame mit dem Anflug eines Lächelns.

DAS MÄDCHEN AUS MERCURY – EINE INTERPLANETARE LIEBESGESCHICHTE

Hierbei handelt es sich um die Interpretation bestimmter phonischer Vibragraphen, die von der Long's Peak Wireless Installation aufgezeichnet wurden und jetzt zum ersten Mal mit freundlicher Genehmigung von Professor Cducious, Ph. D., dem ehemaligen Sekretär der Boulder-Zweigstelle der Vereinigung zur Förderung der interplanetaren Kommunikation, veröffentlicht wurden.

Es ist offensichtlich, dass die folgenden Logogramme Teil einer Korrespondenz zwischen einer jungen Dame, die früher auf Merkur lebte, und ihrer vertraulichen Freundin sind, die immer noch auf dem niedrigeren Planeten lebt. Der Übersetzer hielt es für das Beste, den Geist des Originals durch den Einsatz alltäglicher Umgangssprache so weit wie möglich zu bewahren; Man geht davon aus, dass das Ergebnis trotz vieler bedauerlicher Kleinigkeiten für Studenten der Kosmischen Soziologie von Interesse sein wird.

DAS MÄDCHEN AUS MERCURY

DIE ERSTE AUFZEICHNUNG

Ja, Schatz, ich bin es. Ich bin hier unten auf der Erde und in unserem Siedlungshaus, gesund und munter. Eigentlich hätte ich Sie schon früher anrufen sollen, aber das ist wirklich der erste Moment, den ich den ganzen Tag für mich habe. – Ja, natürlich habe ich „den ganzen Tag" gesagt. Sie wissen ganz genau, dass es hier Tage und Nächte gibt, weil sich dieser unruhige kleine Planet dreht oder so etwas in der Art. – Ich habe nicht die geringste Ahnung, warum das so ist, und es ist mir auch egal. – Ich bin nicht hierher gekommen intelligente Beobachtungen zu machen wie ein altbackener „Saturn sehen"-Tourist. Sei also kein Uraner. Versuchen Sie, Ihre intuitive Wahrnehmung zu üben, wenn ich etwas sage, was Sie nicht verstehen können. – Was ist das? – Bitte konzentrieren Sie sich etwas stärker. – Oh! Ja, ich habe schon viele Menschen gesehen, und würden Sie es glauben? Einige davon scheinen fast möglich zu sein – insbesondere *eines* . – Aber dazu komme ich später. Ich habe dir so viel auf einmal zu erzählen, dass ich kaum weiß, wo ich anfangen soll. – Ja, mein Lieber, der Eine ist zufällig ein Mann. Sie würden doch nicht zulassen, dass ich diskriminiere, wenn es doch unser Ziel ist, denjenigen, die weniger Glück haben als wir selbst, so viel Glück wie möglich zu bringen? Sie wissen, dass der Erfolg beim Slumming in erster Linie davon abhängt, dass Sie selbst bewundert werden, denn dann werden die anderen so sein wollen wie Sie, und wenn sie erst einmal völlig unzufrieden mit sich selbst sind, werden sie sich fast sicher bessern. Natürlich bin ich nur ein Besucher hier und werde nicht lange genug bleiben, um ernsthafte Arbeit aufzunehmen, also sagt Ooma, ich könnte genauso gut den Weg des geringsten Widerstands einschlagen. – Wenn Sie sich an Oomas Begeisterung erinnern, als sie den Missionsausschuss leitete Minderwertige Planeten, ihr könnt sie euch vorstellen, jetzt, da sie die Gelegenheit hat, all ihre Theorien in die Tat umzusetzen. Oh, sie ist großartig!

Meine Seelenwanderung war als Erfahrung enttäuschend. Es war nichts weiter, als einzuschlafen und von Kreisen zu träumen – orangefarbene Kreise, gelbe Kreise, mit tausend anderen abgestuften Schattierungen dazwischen und so weiter durch das Spektrum, bis man an absolutem Grün vorbeikommt, einen oder zwei Töne in Richtung Blau bekommt und den trifft Farbnotiz der Erde. Dann geriet bei mir alles durcheinander und schien neue Formen anzunehmen, und ich wachte auf die alltäglichste Art und Weise auf und öffnete meine Augen, um mich in unserem Earth Settlement House zu externalisieren, während Ooma mich auslachte.

„Nicht rühren!" Sie weinte. „Krümmen Sie keinen Finger, bis wir sicher sind, dass Ihr spezifisches Gewicht in Ordnung ist." Und dann zwickte sie mich, um zu sehen, ob ich dicht genug war, weil die Atmosphäre hier schwerer oder leichter oder so ist als bei uns.

Ich erinnerte sie daran, dass die Dinge überall ein absolutes Gleichgewicht mit ihrer Umgebung wahren müssen, aber sie protestierte.

„Theoretisch ist das völlig in Ordnung. Sie müssen sich darüber im Klaren sein, dass die Erde derzeit völlig aus dem Gleichgewicht geraten ist und dass es manchmal Zeit braucht, bis wir uns wieder an ihre Bedingungen gewöhnt haben."

– Das habe ich nicht gesagt, aber ich vermute, dass Ooma eine Neuanpassung durchgemacht hat. – Meine Liebe, sie ist so pummelig geworden wie ein Jupiter und ihre Kleidung – aber andererseits sah sie immer mehr wie ein Spiralnebel aus als alles andere.

(*Die Aufzeichnung hier wird unverständlich, da über dem Gipfel des Long's Peak ein Gewitter vorbeizog.*)

– Da muss Sternenstaub im Äther sein. – Ich musste mich noch nie so sehr konzentrieren. – Das ist alles über das Settlement House, und beschuldigen Sie mich nicht noch einmal, Details zu vernachlässigen. Ich bin mir sicher, dass Sie den Ort jetzt genauso gut kennen wie Ooma selbst, daher kann ich Ihnen erzählen, wie wenig ich über Menschen gelernt habe.

Es scheint, dass ich niemals zugeben werde, dass ich nicht auf der Erde geboren wurde, denn wie alle Provinzbewohner sind die Menschen stolz darauf, alles anzuzweifeln, was über ihre eigene Erfahrung hinausgeht, und wenn sie es verstehen würden, würden sie sich sicher über Eindringlinge von einem anderen Planeten ärgern. Ich bin mir sicher, dass ich es ihnen nicht ganz verübeln kann, wenn ich an die gönnerhaften Jupiteraner denke. – Und mir wurde gesagt, dass sie furchtbar eifersüchtig und sogar untereinander misstrauisch sind, sich zum Schutz zusammenschließen und von so vielen lustigen kleinen Stammeskodizes regiert werden ist auf der einen Seite einer imaginären Grenze richtig, kann auf der anderen Seite falsch sein. – Ooma hält dieses Überleben der Gruppenseele für höchst interessant und beabsichtigt, es zum Thema einer Arbeit zu machen. Ich erwähne es nur, um zu erklären, warum wir unsere Siedlung Pension nennen . Sie müssen wissen, dass es sich bei Boarding-House im Grunde genommen um ein Jagdrudel handelt, dem man sich nach Belieben anschließen oder von dem man sich trennen kann. – Eine ziemlich blassgelbe Idee, nicht wahr? Ooma hält es für notwendig, sich daran anzupassen, um als respektabel zu gelten, was das Einzige ist, was man sich auf der Welt am meisten wünscht. – Was, Liebes? – Oh, ich weiß genauso wenig wie du, was es bedeutet, respektabel zu sein. – Noch etwas. Sie müssen Ihrer Fantasie freien Lauf lassen! Ooma wird hier Mrs. genannt. Bloomer. – Ihr eigener Name war einfach ein wenig zu unheimlich. Frau. bedeutet, dass eine Frau verheiratet ist. – Was? – Oh, nein, nein, nein, nichts dergleichen. – Aber das muss ich auf ein anderes Mal verschieben. Ich bin mir selbst überhaupt nicht sicher, wie es ist.

Übrigens, wenn Sie *jemand* fragen sollte, wo ich bin, sagen Sie einfach, ich habe den Planeten verlassen und Sie wissen nicht, wann ich zurückkomme. – Ja, Sie wissen, wen ich meine. – Und, mein Lieber, vielleicht Sie könnten eine Andeutung machen, dass ich alle Ausländer hasse, besonders die Jupiter. – Bitte lachen Sie nicht so heftig; Sie werden die atmosphärischen Moleküle ganz benommen machen. – Tatsächlich besteht hier nicht die geringste Gefahr. Stellen Sie sich bitte nur Wesen vor, die nicht wissen, wann sie hungrig sind, ohne einen elenden kleinen Mechanismus zu konsultieren, und die ihren Empfängnisradius an der Länge ihrer eigenen Füße messen. – Natürlich werde ich zur Sonnenwende anwesend sein ! Das würde ich mir bei einem Asteroiden nicht entgehen lassen! – Oh, habe ich das wirklich versprochen? Nun, ich erzähle dir ein anderes Mal von ihm.

DIE ZWEITE AUFZEICHNUNG – ABER WAHRSCHEINLICH DRITTE MITTEILUNG

– Ich darf wirklich nicht so viel graue Substanz mit unwichtigen Details verschwenden, mein Lieber. Aber ich musste euch einfach alles über meine Schwierigkeiten mit der Kleidung erzählen. Als Ooma zurückkam, gerade als ich sie mit Hilfe ihrer Diagramme gemeistert hatte, war das liebe Ding so erfreut, dass sie mich tatsächlich umarmte, und ich muss gestehen, dass die Wirkung mich mein Unbehagen vergessen ließ. Wirklich, ein Erdenmädchen ist nicht so sehr zu bemitleiden, wenn es Kleider zum Tragen hat. Da ich sicher darauf bedacht war, mich mit anderen zu vergleichen, war ich froh, als Ooma mir vorschlug, auszugehen.

„Komm schon“, sagte sie energisch, „ich habe nur eine halbe Stunde Zeit für deinen ersten Spaziergang. Bleib dicht neben mir und denke auf keinen Fall daran, zu tanzen oder zu singen.“

„Aber wenn ich andere tanzen sehe, darf ich dann nicht mitmachen?“ Ich habe nachgefragt.

„Am Broadway wird man niemanden tanzen sehen“, antwortete sie ein wenig brüsk, aber ich beschloss, ihr so schnell wie möglich zu entkommen und es selbst herauszufinden.

Ich werde nie meinen Schock vergessen, als ich das Himmelblau anstelle der Farbe entdeckte, die es haben sollte, aber bald gewöhnten sich meine Augen an die Veränderung. Tatsächlich war es mir seit diesem ersten Moment nicht mehr möglich, mir den Himmel anders als blau vorzustellen. Und die Stadt? – Oh mein Lieber, mein Lieber, ich hätte nie gedacht, dass ich auf etwas stoßen würde, das so sehr von den wesentlichen Wohlklängen abweicht. Natürlich bin ich nicht viel gereist, aber ich sollte sagen, es gibt nichts im Universum wie eine Straße, die sie Broadway nennen – es sei denn, sie liegt auf dem kleineren Mond des Mars, wo die armen Menschen so furchtbar beengt sind. Als ich Ooma das vorschlug, lachte sie und nannte mich schlau, denn es scheint eine Tradition zu geben, dass eine Horde einmischender Marsianer einst lange genug auf der Erde blieb, um den törichten Menschen falsche Vorstellungen über Architektur und viele andere Dinge zu vermitteln. Aber ich vergaß bald alles, was mein Interesse an den Menschen betraf. Sie sind so ein armer, verwirrter Haufen. Das Herz geht einem sofort mit, wenn sie sich gegenseitig hierhin und dorthin drängen und drängeln, mit keinem anderen vorstellbaren Ziel, als irgendwohin zu gelangen, außer dorthin, wo sie in der kürzestmöglichen Zeit sind. Man sehnt sich danach, ihnen zu helfen; ihren sinnlosen Kämpfen ein Ende zu setzen; mit ihnen zu argumentieren und zu erklären, wie all die psychische Kraft, die sie verschwenden, alles erreichen könnte, was sie sich wünschen, wenn sie in konstruktivem Denken eingesetzt wird. Frau. Bloomer versichert mir, dass sie diejenigen nur lächerlich machen, die es wagen, sich einzumischen, und dass es mindestens ein Saturn-Jahrhundert dauern wird, bis sie auch nur den richtigen Weg eingeschlagen haben. Unsere Lösung sei ihre einzige Hoffnung, sagt sie, und selbst wir können ihnen nur indirekt helfen.

Vor nicht allzu langer Zeit, so scheint es, mussten sie einen König oder Bürgermeister wählen, oder wie auch immer die Kreatur heißt, die ihre albernen Gesetze ausführt, und unser Volk hat die Wahl so manipuliert, dass die Wahl auf einen von uns fiel.

Ich hielt das für eine wirklich gute Idee und ging natürlich davon aus, dass wir uns sofort daran gemacht haben müssten, zu demonstrieren, wie ein Planet verwaltet werden sollte. Aber nein! Das war bitte nicht unser System. Anstatt richtige Gesetze zu erlassen, verhielt sich unser Agent in jeder Hinsicht schlecht, die das Komitee vorschlagen konnte, bis sich schließlich die Menschen gegen ihn erhoben und einen von ihnen an seine Stelle setzten, und danach lief es ein wenig besser als zuvor. Nur so können sie unterrichtet werden. Aber mein Lieber, ist das nicht langweilig?

Natürlich wuchs in mir bald der Wunsch nach einem Gedankenaustausch mit fast jedem, aber es dauerte lange, bis ich einen einzigen Menschen entdeckte, der es nicht eilig hatte. Schließlich stießen wir jedoch auf einen Menschen, der sich ein wenig vom Riemen gelöst hatte und mit verschränkten Armen dastand und offenbar in erhabene Meditation vertieft war. Sein Gesichtsausdruck war freundlich, wenn auch ein wenig rot.

Ohne Ooma etwas über mein Vorhaben zu sagen, entfernte ich mich von ihr und schaute der Kreatur in die Augen und erkundigte mich im Geiste nach dem Thema seiner Gedanken. auch, warum er so übermäßig beleibt wurde und warum er glänzende Metallknöpfe an seinem Gewand trug. Aber meine einzige Antwort war ein dummer Blinzeln, denn seine Mentalität schien absolut unfähig zu sein, Anregungen zu empfangen, die nicht in Tönen zum Ausdruck kamen. Ich bemerkte außerdem, dass seine Aura zu sehr ins Violette tendierte, als dass er vollkommen ausgeglichen wäre.

„Komm da raus und hör auf mit dem Blödsinn", bemerkte er und verstand völlig, was ich meinte.

Natürlich sprach ich dann, wobei ich die menschliche Sprache für einen ersten Versuch ganz leichtfertig benutzte, und beeilte mich, ihm zu versichern, dass ich, obwohl ich nicht auf die Idee kam, etwas zu täuschen, nicht weitermachen sollte, bis meine Neugier befriedigt war. Aber genau dann hat Ooma mich gefunden.

„Mein Freund ist ein Fremder", erklärte sie dem Mann mit den Messingknöpfen.

„Warum legst du ihr dann nicht eine Schnur an?" er hat gefragt.

Später erfuhr ich, dass ich mich an einen der Volksnarren gewandt hatte, die von der Gemeinde eingesetzt wurden, um zu verhindern, dass der Broadway unerträglich langweilig wird.

„Aber Sie dürfen nicht mit Menschen auf der Straße sprechen", sagte Ooma, „nicht einmal mit Polizisten."

„Wie kann ich dann das Leben anderer bereichern?" Ich war mehr als enttäuscht, denn mehrere vorbeieilende Menschen hatten Blicke auf mich geworfen, die eine Stimmung anzeigten, die empfänglich für jede Aufhellung war, die ich geben konnte.

Hätte Bloomer mich nicht davor gewarnt, mich anzustarren, hätte ich mich endlos amüsiert und die rasche Abfolge verschiedener Gesichter betrachtet. Sie sagte, die Leute würden denken, ich stamme aus dem Land, was als unglaubwürdig gilt, und da mich das daran erinnerte, dass ich bisher noch nichts wachsen sah, bat ich darum, mir die Gärten und Haine zeigen zu dürfen.

„Da ist einer", sagte sie und zeigte auf eine nicht weit entfernte offene Stelle, wo tatsächlich einige elend aussehende Bäume standen, die ich vorher nicht erkannt hatte, und vergaß, dass die Blätter hier natürlich grün sein mussten. Ich sah keine Blumen wachsen, aber plötzlich stießen wir auf jemanden in einer Art Kristalllaube, der von einer mächtigen schwarzen Person bewacht wurde. Ich wollte ihn unbedingt fragen, wie er dazu kam, schwarz zu werden, aber die Erinnerung an meinen letzten Informationsversuch brachte mich zutage. Stattdessen fragte ich, ob ich vielleicht ein paar Rosen hätte.

„Kommen Sie herein, Miss", antwortete er sehr höflich, und ich ging durch die Tür, vorbei an dem süßesten kleinen Embryo, der das Gewand eines jungen Polizisten trug.

„Junge", sagte ich, „hast du begonnen, deine Seele zu erkennen?"

„Nein", antwortete er. „Ich bin noch nicht in Bruchteilen."

– Irgendein Stadium des irdischen Fortschritts, nehme ich an, obwohl mir eine bestimmte Bewegung seines Augenlids nicht gefiel, und man kann nie sagen, wie sehr sich Embryonen wirklich abmühen. Also beeilte ich mich, alle Rosen zu sammeln, die ich tragen konnte, und wollte gerade Ooma nachlaufen, als mir jemand den Weg versperrte.

"Festhalten!" er weinte. „Vergisst du nicht etwas? Warum nimmst du nicht das ganze Paket?"

„Weil ich für den Moment alles habe, was ich will", antwortete ich ziemlich verängstigt, als ich bemerkte, dass seine Aura wütend geworden war und ich nicht weiß, wie ich ihn hätte beruhigen können, wenn Ooma mir nicht noch einmal geholfen hätte. Ich konnte sehen, dass sie verärgert über mich war, aber sie beherrschte sich und legte dem Wesen ein Zeichen in die Hand, das wie ein Zauber auf ihre Erregung wirkte.

Wie ich Ihnen bereits sagte, hatte Bloomer mir zusammen mit den anderen Dingen eine Krone aus künstlichen Rosen geschenkt, die ich nun, da ich echte Blumen zum Tragen hatte, wegwerfen wollte, was sie jedoch nicht zuließ, da sie darauf beharrte, dass ein solches Verfahren zu einem Ergebnis führen würde Die Menschen lachen mich aus – obwohl man das beim Blick in ihre ernsten Gesichter nicht für möglich halten würde. Die Gedanken der Menschen um mich herum, so wie ich sie erahnte, schienen alles andere als scherzhaft zu sein. Sie kamen mir inkohärent und inkonsistent vor, ein Durcheinander bedingter Prämissen, die zu ungefähren Schlussfolgerungen führten, ausgedrückt in Symbolen ohne eigentliche Bedeutung. – Natürlich ist es unfair, zu früh zu urteilen, aber ich habe bereits begonnen, an der Existenz einer direkten Wahrnehmung unter ihnen zu zweifeln ihnen. – Was hast du gesagt, mein Lieber? – Stört die direkte Wahrnehmung? – Nun, ich frage mich, wie *wir* nichts erfassen möchten, was nicht in Worte gefasst werden könnte? Ich bin sicher, Sie hätten die verwirrendsten Vorstellungen über die irdischen Verhältnisse, wenn Sie sich ganz auf meine Bemerkungen verlassen würden. – Jetzt konzentrieren Sie sich, und Sie werden etwas wirklich Interessantes hören.

– Nein, noch nicht der Eine. – Er kommt später. –

Wir waren noch nicht weit gekommen, ich trug meine Rosen und Bloomer war nicht allzu erfreut, wie ich dachte, weil sich so viele Leute umdrehten, um uns anzusehen (Bloomer hat sich körperlich zurückgebildet, bis sie zeitweise fast uranisch ist, wahrscheinlich als Folge des Tragens). Schwarz, das das chromatische Äquivalent von Seriosität zu sein scheint), wurde ich plötzlich für einen vertrauten Einfluss empfänglich, der ziemlich überraschend, weil so unerwartet war. Als ich mich überall umsah, erblickte ich – wen glaubst du? Unser alter Freund Tuk.-Mr. Bitte stecken Sie es hier ein. Er war gerade dabei, in ein – ein Transportmittel einzusteigen, und obwohl er mir den Rücken zuwandte, erkannte ich sofort seine düstere Aura und strahlte einen reaktionären Impuls aus, der äußerst wirkungsvoll war.

In seiner Überraschung geriet er für einen Moment in Gefahr, von einem sich schnell bewegenden Tier niedergetrampelt zu werden. – Ja, mein Lieber, ich sagte „Tier." – Ich weiß es nicht und halte es überhaupt nicht für wichtig. Ich gebe nicht vor, mit der alltäglichen Zoologie vertraut zu sein. – Tuck erklärte, er freue sich, mich zu sehen, und das glaube ich auch, obwohl er seine Ausstrahlungen auf die überhebliche Art und Weise kontrollierte, wie er es immer getan hatte . Aber in einem Punkt ließ er mich nicht lange im Zweifel. Zumindest äußerlich ist mein irdisches Ego ein –

(ANMERKUNG : *Das Wort, das eine der Sorte eigentümliche Pfirsich- oder Nektarinenart bezeichnet Der Planet Merkur wird hier zweifellos im symbolischen Sinne verwendet.*)

— Diese höchst interessante Tatsache wurde mir sofort klar, als sein Blick auf mir blieb.

„Bei allem, was schön anzusehen ist!" rief er und hüpfte auf eine Weise herum, die Menschen für exzentrisch halten. „Bist du astral oder verwirklicht?"

„Überzeugen Sie sich selbst", sagte ich und streckte meine Hand aus, wofür er etwas länger als nötig brauchte, um sich davon zu überzeugen.

„Nun, was zum Teufel führt dich hierher? Kommst du runter, um einen anderen Planeten rot anzumalen?" Er redete weiter und hielt sich für amüsant.

„Habe ich nicht das gleiche Recht auf Licht auf der Erde wie auf jedem anderen Stück kosmischen Staubes?" Ich lachte und vergaß, wie viel Brüskierung er brauchte, vor Freude, jemanden zu sehen, den ich kannte.

Dann bestand er darauf, dass ich ein „Date" mit ihm hätte. – Ein Date bedeutet, wie ich später herausfand, etwas Schönes zu essen – und deutete ganz allgemein an, dass Bloomer nicht warten müsse, wenn sie sich um wichtigere Angelegenheiten kümmern müsse. Ich muss gestehen, dass es ihr überhaupt nicht leid tat, dass ich ihr aus der Hand genommen wurde, denn nachdem sie mich ermahnt hatte, mich vor einer Reihe von Dingen in Acht zu nehmen, die ich nicht einmal beim Namen kannte, schoss sie davon wie ein respektabler alter Aerolite mit einem Schwarzen Hinterher strömt eine Spur heraus. Wenn sie noch länger hier bleibt, wird sie mit der Mission zurückkommen, *uns zu reformieren* . Was Tuck betrifft, so wurde er sofort unerträglich herablassend.

„Nun, wie gefällt dir der Only Planet? Und wie gefällt dir die Only Town? Und wie gefällt dir die Only Street?" Er fing an, wedelte mit den Händen und sah sich um, als gäbe es hier etwas, das einer von *uns* bewundern könnte. Aber natürlich weigerte ich mich, ihn mit meinen groben Eindrücken zufrieden zu stellen. Ich sagte einfach:

„Sie scheinen selbst sehr zufrieden damit zu sein."

„Und das werden Sie auch sein", antwortete er, „wenn Sie ihre Möglichkeiten erkannt haben. Bemerken Sie das ältere Wesen auf der anderen Straßenseite. Ich muss nur meinen Willen anstrengen, damit er niest und seine Brille fallen lässt, und siehe da, da sind sie. „-Ja, meine Liebe, eine Brille. Sie werden von Menschen auf der Nase getragen, die glauben, nicht gut sehen zu können.

„Ich halte solche Handlungen für grausam und unfreundlich", sagte ich und zwang gleichzeitig ein junges junges Mädchen dazu, die Brille in die Hand zu nehmen, und obwohl das Kind eher außerhalb meines normalen Kreises stand, war ich erfreut, dass es gehorchte. Aber ich habe eine Ahnung, dass Tuck ein Experiment bereut hat, das mir etwas beigebracht hat, was ich vielleicht nicht herausgefunden hätte, zumindest für eine Weile.

Ich war jetzt schon mehrere Stunden auf der Erde, und der Wechsel der Atmosphäre macht einen zu einem Heißhunger. Wissen Sie, ich hatte vergessen, Ooma zu fragen, wie und wie oft Menschen aßen, und als Tuck das Frühstück als Unterhaltungsform vorschlug, war ich sofort mit der Idee einverstanden. Außerdem ist es sehr wichtig zu wissen, wo man die Dinge findet, die man braucht, und Sie können sicher sein, dass ich mir viele Notizen gemacht habe, als wir, wie jetzt, zu einem Turm namens Astoria kamen.

Ich verstehe, dass die oberen Teile des Gebäudes für das Studium der Sterne genutzt werden, aber im unteren Stockwerk wurden wir von einem stattlichen Wesen willkommen geheißen, das uns zu ehrenvollen Plätzen in einem Innenhof führte. Hier wuchsen kleine Bäume, natürlich grün, aber trotzdem ziemlich hübsch; Die Menschen, die in kleinen Gruppen unter ihrem Schatten versammelt waren, waren viel fröhlicher und ausdauernder als alle anderen, die ich bisher gesehen hatte, und eine elementare Intelligenz, die dazu bestimmt war, sich um unsere Bedürfnisse zu kümmern, schien gut ausgebildet und fügsam zu sein.

„Hier haben Sie einen Einblick in High Life", verkündete Tuck, als er etwas auf einen Zettel geschrieben hatte.

„Das höhere Leben?" Ich erkundigte mich eifrig und mir gefiel der verdammte Ton, in dem er antwortete:

„Nein, nicht ganz – gerade hoch genug."

Seine Einbildung und Selbstgefälligkeit begannen mich so zu langweilen, dass ich meinen Blick umherschweifte und mehrere freundlich aussehende Personen anlächelte, die das Lächeln erwiderten und freundlich nickten, bis ich bemerkte, wie sich Tucks Aura sträubte und grünlich wurde -braun.

„Sie können hier unmöglich jemanden sehen, den Sie kennen", protestierte er verärgert.

„Ein guter Grund, warum ich nach Affinitäten suchen sollte", erwiderte ich. Doch danach beschloss ich, eines Tages allein ins Astoria zu kommen und jeden anzulächeln, den ich mochte, obwohl ich die meiste Zeit darauf achtete, den Blick gesenkt zu halten. Ich glaube nicht, dass ich jemals einen

Menschen kennenlernen würde, wenn Tuck seinen Willen durchsetzen könnte.

Plötzlich brachte uns das Elementarwesen köstliche Dinge, und während wir sie aßen, erzählte Tuck von sich. Es scheint, dass er hier eine Oper inszeniert hat, die ein Erfolg ist. Die Leute hören es gerne und halten ihn für einen großartigen Komponisten. Sie können glauben, dass ich über all das erstaunt war – stellen Sie sich nur vor, wie sich unser Tuck als Genie ausgibt! –, aber als er plötzlich von dem Thema begeistert war und ein oder zwei Takte summte, verstand ich. Der Kerl hatte einfach ein paar wesentliche Harmonien verwirklicht – und es sehr schlecht gemacht. Ich verstehe jetzt, warum es ihm so gefällt, hier zu sein, und verstehe, warum seine Mitarbeiter fast ausschließlich Menschen sind. Ich kann mich nicht erinnern, jemals zuvor solch eine Täuschung und Frechheit erlebt zu haben. Ich war so empört, dass ich spürte, wie meine astralen Finger zitterten. Ich konnte es nicht ertragen, ihn anzusehen, und da ich zu diesem Zeitpunkt alles gegessen hatte, was ich konnte, stand ich auf und verließ ohne ein weiteres Wort direkt den Hof. Ich bin mir sicher, dass er mich verfolgt hätte, wenn das Elementarwesen, das meinen Fluchtwunsch erkannte, ihn nicht gewaltsam festgehalten hätte.

Als ich wieder auf der Straße war, hypnotisierte ich sofort eine alte Dame und überredete sie, direkt zu Bloomers Pension zu gehen, während ich ihr folgte. Ich fürchte, es war vielleicht nicht bequem für sie, aber ich wusste keinen anderen Weg zurück. – Meine Güte, das Licht wird schwächer, und ich muss mich für den Abend anziehen. Auf Wiedersehen! – Übrigens habe ich vergessen, dir noch etwas zu erzählen, was passiert ist – erinnere mich beim nächsten Mal daran!

DIE DRITTE AUFZEICHNUNG

– Ja, ich erinnere mich, und Sie werden alles darüber erfahren, bevor ich einen Abend im Settlement beschreibe, aber es ist nicht viel. – Ich habe Ihnen erzählt, wie verärgert und anmaßend Tuck im Astoria-Turm war, und von die gemeine Art, mit der er meine Beobachtungen einschränkte. Nun ja, von allen Menschen im Hain an diesem Tag gab es nur einen, den ich sehen konnte, ohne kritisiert zu werden, und er saß ganz allein und mir gegenüber, direkt hinter Tucks Rücken. Zwischen uns hingen einige grüne Blätter, und wann immer ich meinen Kopf bewegte, um zu bemerken, was er tat, bewegte er auch seinen, um mich anzusehen. Er wirkte so einsam, dass er mir leid tat, aber seine Atmosphäre zeigte, dass er weder mürrisch noch uranisch war, und ich konnte nichts dagegen tun, wenn ich nur ein wenig ansprechbar war. Außerdem wurde Tuck, als er sich mit dem Thema seiner Oper beschäftigte, so sehr in sich versunken und dominant, dass man entweder seine eigene Mentalität durchsetzen oder subjektiv werden musste.

– Nein, mein Lieber, das ist nicht der *einzige* Grund. Es mag so etwas wie einen isolierten Grund geben, aber ich habe noch nie einen getroffen – sie kommen immer in Rudeln. Ich gestehe, dass ich ein Gefühl des Interesses an dem Fremden habe. Niemand kann dich eine halbe Stunde lang ununterbrochen mit runden blauen Augen ansehen, ohne irgendeine Anziehungskraft auszuüben, sei es positiv oder negativ, und ich hatte auch das Gefühl, dass er mir etwas sagen wollte, das viel interessanter gewesen wäre als Tucks Oper , und ich glaube, wenn ich etwas länger geblieben wäre, hätten wir uns zwischen den Bäumen genauso verstehen können, wie Sie und ich uns über die Grenzen des Raums hinweg verstehen können. Aber es ist so leicht, sich zu irren. – Ich musste beim Ausgehen ziemlich nah an ihm vorbeigehen, und ich bin mir nicht sicher, ob ich nicht eine Rose fallen gelassen habe.

„Vielleicht gibt es noch ein kleines bisschen mehr über den Astorian, aber das kommt an der richtigen Stelle." Jetzt muss ich zum Abend kommen. – Es war kein großer Anlass, sondern lediglich die übliche Zusammenkunft unserer Menge, oder besser gesagt derjenigen von uns, die für die Zeit in dem großen Ratssaal, den ich Ihnen beschrieben habe, keine besondere Aufgabe haben .

Der Präsident des Board of Control ist derzeit Marlow, Marlow der Große, wie er genannt wird, der Maler, dessen Bilder so viel zur Erhebung der Patagonier beigetragen haben. – Nein, mein Lieber, ich habe noch nie von Patagonien gehört, aber ich bin es fast sicher ist es kein Planet. – Mit Marlow kam Mrs. Mopes, die sich damit beschäftigt, Belletristikschulen zu schaffen, indem sie unter verschiedenen Namen Geschichten schreibt und diese dann in ihren eigenen sieben Magazinen rezensiert. Als nächstes nahm Baxter, ein tödlicher Mensch in seiner menschlichen Inkarnation, die Gäste aufs Geratewohl auf und ließ die Aktien steigen oder fallen. – Ich weiß nicht, was Aktien sind, aber sie müssen etwas sein, das man sehr leicht erschrecken kann .-Dann gab es einen Mr. Waller mit dem Spitznamen Reverend, dem der Rat gelegentlich erlaubt, die Wahrheit zu sagen, während er den Leuten in der übrigen Zeit alles erzählt, was sie hören wollen, um ihr Vertrauen zu gewinnen. Und die beiden Miss Dooleys, die so schlecht singen, dass Tausende, die überhaupt nicht singen können, ganz aufhören zu singen, wenn sie sie einmal hören. Und Mr. Flick, der sich bei Beerdigungen daneben benimmt, um die Trauernden von ihrem Kummer abzulenken, und ein Mr. O'Brien, dessen Pflicht es ist, an öffentlichen Orten in heftige

Leidenschaften auszubrechen, nur um zu zeigen, wie ungebührlich sein Temperament ist.

Es gab noch viele andere, so viele, dass ich sie gar nicht aufzählen kann. Einige hatten Bücher geschrieben und waren auf der ganzen Welt bekannt, und einige, die überhaupt nicht bekannt waren, hatten Dinge getan, weil es sonst niemanden gab, der sie tun konnte. Und einige waren Sänger und einige waren Schauspieler, und einige waren reich und einige waren für die Außenwelt arm, aber im Ratssaal trafen sie sich und lachten und tauschten Erfahrungen aus und machten Witze; Von demjenigen, der ein Schlachtschiff gebaut hatte, das so schrecklich war, dass alle anderen Schiffe verbrannt wurden, unter der Bedingung, dass es auch seins werden sollte, bis hin zu den gewöhnlichen Helfern, die dummen Theaterstücken Beifall spenden, bis intelligente Menschen sich vor schlechter Kunst völlig ekeln.

In der Welt sind sie natürlich alle ernst genug und kennen einander oft nur durch geheime Zeichen, während unsere armen Erdenbrüder jeden Tag, jede Nacht und jede Minute dem Licht ein wenig näher kommen – zu ihm hingedrängt, zu ihm gezogen, Sie werden betört, ausgetrickst, schikaniert und überredet und dabei die ganze Zeit darüber nachgedacht, wie unglaublich klug sie sind und was für ein wunderbar fortschrittliches, glorreiches Zeitalter sie für sich selbst herbeigeführt haben. – Auf jeden Fall ist dies der eher vage zusammengesetzte Eindruck, den ich gewonnen habe Es stimmt nicht mit den Plänen und Zielen des Vorstands überein und ist zweifellos falsch.

Ich schätze, mit etwas Mühe hätte ich fast jeden erkannt, aber der Gedanke brachte mich dazu, meine Intuition auszusetzen, nur um zu sehen, wie sich Erdenmädchen fühlen, und wissen Sie, wenn man viele angenehme Dinge hört, ist es einem egal, wer gerade da ist sie sagen.

Ich glaube, Marlow hat weniger an mich gedacht, als ich gestand, dass ich nur hier bin; Für die Lerche, und einem Meteor ist es wirklich egal, ob der Planet jemals angehoben wird oder nicht. Aber er ist trotzdem ein charmanter alter Kerl und der einzige von allen, der nicht im Geringsten schmutzig geworden ist.

Marlow kündigte an, dass der Abend im Einklang mit den Schwingungen des Orion verbracht werden würde, und machte uns alle daran, Kontakt aufzunehmen. Ich selbst liebe Orion-Leuchten, denn keine andere passt so gut zu meiner Aura, und ich war froh, dass sie den Vega-Trend nicht aufgegriffen hatten. – Das Licht hier? Meine Liebe, es wird nicht einmal gefiltert. – Einige von uns waren, zweifellos aus Mangel an Übung, ziemlich langsam bei der Perfektionierung, aber schließlich haben wir es alle verstanden, und als O'Brien, nicht mehr fett und üppig, und die ältere Miss Dooley, nicht mehr dürr, ging hinaus, um den Tanz zu beginnen, es gab nur einen, der keine astrale Persönlichkeit angenommen hatte. Der arme Kerl, obwohl ich Mitleid mit ihm hatte, bewunderte ich seinen Mut, sich zurückzuhalten. Es scheint, dass er als Redakteur dazu angetan hat, in eigener Sache so oft Unwahrheiten zu erzählen, dass das Syndikat ihn als Sonderkorrespondenten für einen großen Kometen abstempelt.

Tuck kam überhaupt nicht; Entweder erkennt er, wie ehrlich die Leute ihn und seine Oper betrachten müssen, oder die Elementarwesen im Astoria halten ihn immer noch fest.

Wir hatten einen schönen Tanz, und während unseres Aufenthalts besuchte Marlow einige von uns, um Spezialitäten zu bestellen. Frau. Mopes hat einen Absatz von einem Mann namens Henry James geschrieben und ihn in die Tat umgesetzt, was ziemlich schwierig schien, und dann hat eine Person namens Parker eine Geige externalisiert und den Laokoon in Bezug auf den Klang wiedergegeben. Für mich ähnelte seine Marmordarstellung Terrakotta, bis ich erfuhr, dass die Kopie der Statue hier schreckliche Witterungsflecken aufweist. Danach gaben drei hübsche Mädchen die Aurora Borealis durch telepathische Suggestion ziemlich gut, und dann sang ich „Love Lives Everywhere" – einfach ein einfaches Lied.

– Ich weiß, das muss für Sie alles furchtbar flach klingen, ganz wie „Zeitvertreib für die Regenzeit in Neptun", aber Bloomer sagt, sie wisse nicht, was passieren würde, wenn wir jemals eine wirklich charakteristische lustige Party veranstalten würden.

Wir endeten mit einem Erdtanz namens Virginia Reel, dem schnellsten Mittel, das Sie jemals gesehen haben, um auf eine niedrigere psychische Ebene hinabzusteigen. Das ist alles, was ich zu sagen habe, und ganz genug, werden Sie sicher denken. – Was? Der Astorianer? Ich habe ihn seitdem nicht mehr gesehen. – Aber da ist noch ein bisschen mehr, ganz wenig, wenn Sie nicht müde sind. – Heute Morgen habe ich ein Rosengeschenk erhalten, genau wie die, die ich gestern fallen gelassen habe und die mir derselbe kleine Embryo gebracht hat Ich hatte es im Blumenladen gesehen. Ich fragte das Kind, in dessen Intelligenz der Impuls seinen Ursprung hatte, und es antwortete:

„Ein blauäugiger Kerl mit Schnurrbart, aber er gab mir einen Trottel, es nicht zu sagen."

Für mich war ein Plunk ein Zeichen des Vertrauens, und ich drückte sofort meinen Unmut darüber aus, dass der Junge sein Vertrauen missbraucht hatte. Ich sagte ihm, eine solche Tat würde dunkle Linien in seiner Aura hinterlassen, die möglicherweise mehrere Tage lang nicht verblassen würden.

„Sagen Sie, haben Sie nicht eine Nachricht, die Sie zurückschicken können?" er hat gefragt.

"Junge!" sagte ich, „vergiss deine kleine Aura nicht."

„In Ordnung", antwortete er, „ich sage ihm: ‚Vergiss deine kleine Aura nicht.' Ich wette, er hustet noch einmal.

Ich weiß nicht, was er meinte, aber ich fürchte sehr, dass es sich um einen Fehler handeln könnte. – Oh ja, ich bin ganz sicher, dass ich rechtzeitig zur Sonnenwende zurück sein werde. – Oder zumindest zur Sonnenfinsternis.

DIE VIERTE AUFZEICHNUNG

(ANMERKUNG: Zwischen diesem Logogramm und dem letzten war der Long's Peak Receptive Pulsator leider vierzehn Tage lang nicht in Betrieb, da der Elektriker, der das Instrument zur Einstellung auseinandernahm, es für notwendig hielt, nach Denver zurückzukehren, um Öl zu holen.)

– Ja, Liebes, ich bin es, aber wenn ich nicht wüsste, dass die Persönlichkeit unzerstörbar ist, würden mir meine Zweifel kommen. Ich habe keine Fehler mehr gemacht, das heißt keine schlimmen, seit ich alleine zum Mittagessen ins Astoria gegangen bin und die Elementargeister einfach nur deshalb sehr unangenehm waren, weil ich kein Geld hatte. Mittlerweile weiß ich alles über Geld, außer wie man genau an Geld kommt, und Tuck versichert mir, dass das wirklich keine Rolle spielt. Ich habe Ooma nie erzählt, wie die blauäugige Astorianerin meine Rechnung für mich bezahlt hat, und ihr Wahrnehmungsvermögen ist zu abgestumpft, um etwas zu begreifen, was ihr nicht erzählt wird. Es kommen immer noch regelmäßig jeden Tag frische Rosen, und natürlich kann ich nicht weniger tun, als ab und zu meine Dankbarkeit auszudrücken. – Oh, ich weiß nicht wie oft, ich erinnere mich nicht. – Aber es ist viel angenehmer Haben Sie jemanden, den Sie gerne führen, anstatt sich auf die Hypnose von Fremden zu verlassen, die vielleicht etwas anderes zu tun haben.

– Ich habe dir doch letzte Woche von dem Picknick erzählt, nicht wahr? Ich meine, der Tag, an dem Bloomer mich aufs Land mitnahm und Tuck mir meine Unhöflichkeit ihm gegenüber so weit verzieh, dass er mit uns kam, um den Korb zu tragen. – Oh ja, in der Tat, ich werde auf der Erde gründlich domestiziert. Und, mein Lieber, diese Menschen sind Fügsamkeit in sich, wenn man einmal die Fähigkeit entwickelt hat, sie dazu zu bringen, genau das zu tun, was man will, was so einfach ist, als würde man von einem Baumstamm fallen. – Ein Baumstamm ist der äußere Beweis für einen bereits existierenden Baum , zylindrisch in der Form und obwohl sie oft klebrig sind, reichen sie nicht aus, um klebend zu sein.

– Dieses Picknick war so angenehm – oder wäre es gewesen, wenn Bloomer nicht darauf geachtet hätte, dass ich mich benehmen sollte, und Tucks Sorge, dass ich mich nicht benehmen sollte –, dass ich beschloss, ein weiteres ganz allein zu veranstalten – und ich hatte es.

Ich reiste zu demselben kleinen Tal, das ich zuvor beschrieben hatte, und legte meine Füße ins Wasser, genau wie ich es neulich nicht tun durfte. Und ich machte ein Feuer, kochte fast ein Ei und aß Kuchen (ein Ei ist die Knospe eines Vogels und Kuchen ist essbare Poesie), während ich auf einem Zaun saß. – Zäune wachsen horizontal und haben keine Blätter. – Fragen Sie nicht so viele Fragen!

Nach einer Weile wurde ich jedoch des Alleinseins müde und machte mich auf den Weg über wunderschöne grüne Wiesen zu einem Hügel, wo ich einen Menschen beobachtet hatte, der umherging und einen gegabelten Zauberstab schwenkte. Er erwies sich als das seltsamste Wesen, das ich je getroffen habe, eher wie die wilden und wolligen Weltraumbewohner, die herausstürzten, als dieser Landstreicher gegen unseren zweiten Mond stieß. Aber er war ein rücksichtsvoller Mensch, denn als er mich kommen sah und ahnte, dass ich müde sein würde, stapelte er eine Menge köstlich duftender Kräuter auf, auf denen ich sitzen konnte.

„Guten Morgen, Herr", sagte ich und ließ mich auf den Hügel fallen, den er geschaffen hatte, und er antwortete, da er viel beeindruckender war, als man aufgrund seines uranischen Aussehens vermuten würde.

„Ich schwan, ich mag deine Wange."

„Es ist ein angenehmer Tag", sagte ich, weil von einem immer erwartet wird, dass er ein Ergebnis der Beobachtung der Atmosphäre ankündigt. Es zeigt sofort, ob man ein Idiot ist oder nicht.

„Ich nenne es ziemlich gefährlich heiß", erwiderte er intelligent.

„Warum gehst du dann nicht raus aus der Sonne?" Ich schlug vor, eher, um das Gespräch flüssig zu halten, als weil es mich ein wenig interessierte.

„Das werde ich tun", antwortete er, „sobald dieser verdammte Wagen kommt." (Ein „verdammter" Wagen ist meiner Meinung nach ein Wagen ohne Federn.)

„Was wirst du dann tun?" „, fragte ich und begann zu befürchten, dass ich nach all meinen Mühen wieder allein gelassen werden würde.

„Geh zum Abendessen nach Hause", antwortete er, und ich sagte sofort, dass ich mit ihm gehen würde. – Sehen Sie, ich hatte mich ein wenig zu sehr auf das Ei verlassen.

„Das weiß ich nicht, aber ich denke, es wird alles gut“, drängte er gastfreundlich, und bald darauf kam der verdammte Wagen mit einem anderen Mann an, der, wie sich herausstellte, der Sohn des ersten war und aussah, als hätte er gebissen.

Gemeinsam warfen die beiden das ganze Gras in den Wagen, bis dieser weit über ihren Köpfen schwebte.

„Wie soll ich jemals aufstehen?“ Ich fragte, denn ich hatte keine Ahnung, noch weiter zu gehen, und konnte das weiße Haus des Mannes schon so weit entfernt sehen.

„Wer hat gesagt, dass du überhaupt aufstehen würdest?“ fragte der Beißer unangenehm, aber der andere antwortete für mich.

„Ich habe es gesagt, das ist es, du verdammter Eichelhäher“, verkündete er vorwurfsvoll.

Als ich sie beide als Erste hinaufklettern ließ und mir gegenseitig die Hand reichte, hatte ich überhaupt keine Schwierigkeiten beim Aufsteigen, aber ich achtete sehr darauf, dem Eichelhäher nicht zu danken, was ihn noch mürrischer denn je zu machen schien. Dann rutschten sie wieder nach unten und los ging es.

Als wir einmal zu einigen schönen blauen Blumen kamen, die im Wasser am Straßenrand wuchsen, sagte ich dem Eichelhäher, er solle anhalten, hineinwaten und sie für mich pflücken.

„Ich werde hartnäckig sein, wenn ich es tue“, antwortete er; also sagte ich:

„Ich weiß nicht, was es bedeutet, verbissen zu sein, aber wenn es eine Belohnung dafür ist, nett, freundlich und höflich zu sein, dann hoffe ich, dass Sie es sind.“

Daraufhin biss er mich einmal an und watete hinein, während der ältere Mann, dessen Name offenbar Pop war, sich auf einen Stein setzte und lachte.

„Meine Güte! Wenn das nicht der Hammer ist“, sagte er und klopfte sich aufs Knie, was seine Art war, sich noch mehr zum Lachen zu bringen.

Ich steckte die Blumen in meine Haare und in meinen Gürtel und wo immer ich sie hinstecken konnte. Aber es war immer noch eine Menge übrig, und wann immer wir Leute trafen, warf ich ihnen welche zu, was Pop zwar zu gefallen schien, den Jay aber noch bissiger machte.

Plötzlich kamen wir an eine sehr enge Stelle, und wie es der Zufall wollte, trafen wir dort auf ein Auto. – Gott sei Dank, ich brauche das Auto nicht zu erklären. – Und wer sollte ganz allein am Hebel sitzen, außer – der Astorianer.

Ich war sofort bei ihm, und er erkannte mich, was vermutlich der Grund dafür war, dass er vergaß, nicht mehr zu erkennen, bis er uns fast überfahren hatte. Einen Moment später gerieten wir in wildes Durcheinander, obwohl nichts hätte passieren müssen, wenn der Jay nicht völlig die Beherrschung verloren hätte.

„Häng dein Bild auf!" Er rief wütend: „Was willst du? – Die Erde?"

Und damit versetzte er den Tieren – der Wagen war nicht selbstfahrend – einen heftigen Schlag, und sie sprangen mit einem Ruck vorwärts, wodurch das Heu zu rutschen begann. Ich habe versucht, mich zu retten, aber es gab nichts, woran ich mich festhalten konnte, also rutschte ich ab und – oh mein Lieber, mein Lieber, stell dir das mal vor! – ich landete direkt in seinem Schoß. – Nein, nicht auf dem von Jay. – Von Natürlich blieb ich so kurz wie möglich dort, denn er war sehr nett, nach oben zu rücken, um Platz für mich auf dem Sitz zu machen, aber ich fürchte, es wirkte zunächst erschreckend ungezwungen.

„Es war alles die Schuld dieses verdammten Jay", erklärte ich, sobald ich meine Fassung wiedergefunden hatte, „und ich werde nie wieder in seinem verdammten Wagen fahren."

„Ich hoffe aufrichtig, dass Sie das nicht tun werden", antwortete Astoria und sah mich mit dem neugierigsten Gesichtsausdruck an. „Es wäre viel besser, wenn ich Sie dorthin bringen würde, wohin Sie wollen."

„Das ist furchtbar nett von Ihnen", sagte ich, „aber ich möchte heute Nachmittag nirgendwohin gehen, außer so weit wie möglich von diesem anstößigen jungen Mann weg."

Der Astorianer sagte nichts mehr, bis er etwas in der Maschine gedreht hatte, um sie zurückzubewegen und zu rucken, und sobald sie sich von dem aufgewühlten Heu befreit hatte, ging es wieder weiter.

„Sag mal, Sissy, ich dachte, du kommst zum Abendessen", rief Pop unter dem Wagen hervor, wo er in Sicherheit gekrochen war, und als ich so nett wie möglich antwortete: „Nein, danke, nicht –" Tag", sagte er noch einmal, ziemlich traurig, als ich dachte: „Meine Güte, wenn das nicht die Katzen schlägt!" und noch einige andere Dinge konnte ich nicht hören, weil wir uns so schnell entfernten.

Als wir ungefähr hundert Meilen zurückgelegt hatten – oder Yards oder Zoll, was auch immer es war – erkundigte sich der Astorianer, der sehr aufrecht gesessen hatte, ob diese Herren – gemeint waren Pop und Jay – nahe Verwandte seien.

Ich zeigte ihm deutlich, dass ich seine Frage für uranisch hielt und erklärte, dass ich keinen Verwandten auf der Erde hätte. Dann erzählte ich ihm genau, wie ich zu ihnen gekommen war und von meinem Picknick und dem Ei. Ich fürchte, ich habe mir keine große Mühe gegeben, die Geschichte sehr klar zu formulieren, denn es hat so viel Spaß gemacht, ihn zu verwirren. Er ist überhaupt nicht wie die Venusmenschen, die so überaus klug geworden sind, dass sie sich immer zu Tode langweilen.

„Waren Sie überrascht, mich durch die Luft fliegen zu sehen?" Ich fragte.

„Oh nein", sagte er; „Ich habe mir immer vorgestellt, dass du auf diese Weise von einem weit entfernten Planeten auf die Erde kämst."

„Oh, dann wissen Sie!" Ich verschwendete.

Der Astorianer lachte.

„Ich weiß, dass du das einzig perfekte Wesen auf der Welt bist, und das reicht völlig", sagte er, und ich erkannte sofort, dass er, was auch immer er über mich vermutet hatte, überhaupt nichts über die Siedlung wusste.

„Miss Aura", fuhr er fort – er nennt mich so, seit dieser kleine Embryo seinen dummen Fehler begangen hat, und ich habe ihn nicht korrigiert – hier ist es fast notwendig, irgendeinen Namen zu haben – „Miss Aura, Don." Glaubst du nicht, dass wir schon lange genug nur Bekannte sind? Ich bin nur ein Mensch –"

„Ja, natürlich", unterbrach ich, „aber dann ist das nicht deine Schuld –"

„Ich bin froh, dass Sie mein Unglück so mitfühlend betrachten", sagte er, ein wenig verwirrter als sonst, wie ich vermutete.

„Es ist meine Pflicht", antwortete ich. „Ich möchte dich erheben; deine Existenz erhellen."

„Meine Aura!" er flüsterte; und ich war mir nicht ganz sicher, ob er mich meinte oder nicht.

Wir bewegten uns schnell auf einer breiten Straße entlang eines Flusses. In der Ferne gab es Hügel und die Luft von ihnen war im Sinne der Plejaden. Überall gab es Gärten voller Sonnenlicht, das sich in Blumen verwandelte, und ohne Anstrengung konnte man die Harmonie der wachsenden Dinge erahnen. Ich hatte das Gefühl, dass etwas passieren würde; Ich wusste es, aber ich wollte nicht fragen, was es sein könnte. Wenn ich es versucht hätte, hätte ich es vielleicht nicht wissen können; Vielleicht war ich für diese Stunde nur ein Erdenmädchen und konnte die Dinge nur so wissen, wie sie sie kennen, aber das war mir egal.

Wir fuhren jeden Augenblick schneller und schneller.

„Warst du es, der wollte, dass ich aufs Land hinauskomme?“ Ich fragte. „Hast du auf mich gewartet und mich erwartet?“

Wir bewegten uns jetzt wie Wolken, die über einen Mond rasten.

„Ich glaube, ich habe mein ganzes Leben lang auf dich gewartet und wollte, dass du kommst“, sagte er, was zeigt, wie furchtbar ungerecht wir manchmal gegenüber Menschen sind.

„Während ich auf einem anderen Planeten war?“ Ich habe nachgefragt. „Während wir Millionen und Abermillionen Meilen voneinander entfernt waren? Angenommen, ich wäre nie auf die Erde gekommen?“

Wir bewegten uns wie die Sternschnuppen, zu deren Anblick man in die dunkle Hemisphäre reist.

„Ich hätte dich trotzdem finden sollen“, flüsterte er halb lachend, aber seine blauen Augen glitzerten. „Ich glaube nicht, dass der Raum selbst uns trennen könnte.“

„Oh, ist dir das klar?“ Ich fragte: „Und weißt du das wirklich?“

„Ich weiß, dass ich dich jetzt bei mir habe“, sagte er, „und das ist alles, was ich wissen möchte.“

Wir flogen jetzt, flogen wie Kometen ins Perihel. Die Welt um uns herum entgleitete uns, löste sich auf und löste sich in kosmischen Gedanken auf, die in Farben zum Ausdruck kamen. Nur seine Augen waren real und die blauen Hügel in der Ferne und der Wind von ihnen im Schlüssel der Plejaden.

„Es wird nie mehr Zeit und Raum für uns geben“, sagte er.

„Aber“, protestierte ich, „wir dürfen die grundlegenden Fakten nicht außer Acht lassen.“

„Im ganzen Universum gibt es nur eine Tatsache“, rief er, ergriff meine Hand und dann –

(ANMERKUNG : *Hier ist ein Teil des Logogramms nicht mehr zu entziffern, vielleicht weil ein großer Vogel über das Wasser geflogen ist Projektionslinie. Was folgt, ist das bisher letzte aufgezeichnete Vibragraph.*)

– Ja, Liebes, ich weiß, ich hätte vorsichtiger sein sollen. Ich hätte mich an meine Position erinnern sollen, aber das habe ich nicht getan. Und deshalb habe ich mich verlobt. – Sie müssen hier sein, wenn Sie an einem bestimmten Punkt angelangt sind – ich weiß, Sie werden es für einen großen Abgang für einen von uns halten, aber schließlich sind wir unserem Partner nichts schuldig Schwesterplaneten?––

DER UNERWARTETE BRIEF

So sehr ich Superlative auch nicht mag, muss ich gestehen, dass mich nichts in meinem Leben mehr überrascht hat als dieser Brief, der mit fester, aber ungewohnter Handschrift an mich gerichtet war und mit der Vorderseite nach oben auf der Theke eines kleinen Kuriositätenladens in einer unbedeutenden Seitenstraße lag eine seltsame Stadt.

Ich habe eine Schwäche für solche kleinen Läden, in denen man sich im Allgemeinen nach Belieben zwischen einer Vielzahl attraktiver Gegenstände umsehen darf, ohne die geringste Kaufzwang, und die Besitzer oft Männer von Intelligenz und Bildung sind. Wenn ich Freizeit habe, widerstehe ich selten der Versuchung, einzutreten, und in diesem Fall war der Impuls fast zwingend.

Es war mein erster Besuch in Selbyville und ich kann sagen, dass es wahrscheinlich mein letzter sein wird; denn ich habe noch nie einen langweiligeren, weniger interessanten Ort gesehen. Eine schlechte Verbindung hatte mich am dortigen Bahnhof festsitzen lassen und, wie ich befürchtet hatte, mehrere Stunden mit liebevollen Streifzügen durch Straßen und Alleen verbracht, von denen eine roher und alltäglicher war als die andere; aber die zufällige Entdeckung eines Lieblingsplatzes erfüllte mich sofort mit lebhafter Befriedigung.

Es war ein düsterer und muffiger kleiner Laden, wie sich herausstellte, und sein Besitzer war alles, was ich mir nur wünschen konnte – ein sanfter alter Dickens-Mensch, der einen tugendhaften Stolz auf seine Sammlung hatte und in mir sofort einen mitfühlenden Zuhörer vermutete. Zunächst folgte ich ihm von Fall zu Fall mit ungekünsteltem Interesse und Aufmerksamkeit; Aber plötzlich, das muss ich zugeben, wurde seine Unterhaltung ein wenig ermüdend, und ich ließ meine Gedanken abschweifen.

Er hatte, wie ich mich gut erinnere, ein Tablett mit antiken Kameen hervorgeholt und um auf der Theke Platz dafür zu schaffen, einen Stapel ungeordneter Papiere beiseite geschoben. Es schienen vernachlässigte Rechnungen zu sein, und Rundschreiben, wie ein unachtsamer Mann sie wegzuwerfen vergisst. Aber ich habe nichts weiter bemerkt; denn plötzlich stand mir inmitten des Mülls mein eigener vertrauter Name gegenüber, fett, klar und unverkennbar, auf einem großen, quadratischen Umschlag in bläulicher Farbe: „Josiah Brunson Dykefellow, Esq., 109 South Ninth Street, City."

Nun, ich bin kein Mann, der voreilige Schlussfolgerungen zieht. Die Adresse war natürlich in fast jeder Stadt zu finden; Da es sich aber zufällig um meinen Brief in Masonburg handelte und mein Name, gelinde gesagt, nicht gebräuchlich war, schien der Brief so eindeutig für mich bestimmt zu sein, dass ich ihn bedenkenlos hätte annehmen sollen, wenn ich das unbemerkt hätte tun können. Aber der Kaufmann ließ mich keinen Augenblick im Stich, und obwohl ich ihm sehr freundschaftlich gegenüber schätzte, dass er zu viel Verstand hatte, als dass er eine versiegelte Mitteilung über die unbestätigte Aussage eines vollkommen Fremden hätte abgeben können; denn ich hatte mein Kartenetui in meiner Tasche am Bahnhof gelassen, und da ich Junggeselle bin, ist meine Wäsche nicht gekennzeichnet. Wie auch immer der Brief ankam, es war offensichtlich, dass ich Diplomatie anwenden musste, um in den Besitz meines Briefes zu gelangen. Und so überlegte ich, während ich unseren Rundgang durch den Laden fortsetzte, die Sache gut. Ich werde immer denken, dass mein endgültiger Vorsatz nichts weniger als Inspiration war.

Wir hatten einen alten Kleiderschrank aus Palisanderholz von enormer Größe und abscheulichem Design erreicht, bevor ich die Gelegenheit fand, meinen Plan in die Tat umzusetzen.

„Ah! Das ist etwas, das ich gerne besitzen würde", rief ich, „vorausgesetzt, meine neuen Räume sind groß genug, um es aufzunehmen. Und", fügte ich nachlässig hinzu, „vielleicht können Sie mir die Adresse zeigen" – ich tat so, als ob Konsultieren Sie ein Memorandum – „109 South Ninth Street".

Der würdige Händler warf mir einen Blick halb amüsierter Überraschung zu. „Das ist hier", sagte er – „genau hier, diese Straße und dieses Haus."

"In der Tat!" Ich weinte, obwohl ich auf eine solche Antwort nicht ganz unvorbereitet gewesen war. „Das ist wirklich seltsam! Denn dies, mein lieber Herr, ist genau der Ort, an dem mir gesagt wurde, ich solle eine Unterkunft suchen."

„Da muss ein Fehler vorliegen", antwortete der Händler höflich; „Denn so wie es ist, ist das Haus zu klein, um meine Familie unterzubringen."

Dabei muss ich die Anzeichen extremer Verärgerung ziemlich geschickt vorgetäuscht haben; denn der Händler schloss sich der Verurteilung übereifriger Freunde im Allgemeinen und insbesondere eines gewissen McPherson an, eines zweiten Rechnungsprüfers, der mich so in die Irre geführt hatte.

„Dieser Arsch McPherson", erklärte ich, „hat mir die größten Unannehmlichkeiten bereitet! Denn da ich mir der Räume sicher bin, habe ich diese Adresse tatsächlich an Korrespondenten weitergegeben. Aber", beeilte ich mich, meinem höflichen Zuhörer zu versichern, „das werde ich, Schreiben Sie mir natürlich sofort und ersparen Sie sich diesbezüglich Ärger.

Bitte bewahren Sie die Garderobe für ein oder zwei Tage auf. Mein Name ist Josiah Brunson Dykefellow.

Während ich jede Silbe deutlich aussprach, konnte ich sehen, wie sich das freundliche Gesicht des Händlers vor Freude vergrößerte. „Warum, Mr. Dykefellow!" „Heute Morgen kam ein Brief für Sie", rief er. „Ich wollte ihn gerade an den Spediteur zurückgeben. Hier ist er."

Ich dankte ihm, warf nur einen flüchtigen Blick auf den quadratischen Umschlag, bevor ich ihn in eine Innentasche steckte, und kaufte dann eine Kuriosität, ohne zu wissen, was ich tat. Ich konnte es kaum erwarten, meinen Einkauf in Zeitungspapier verpackt zu sehen. Ich befürchtete, der Händler könnte sein Vertrauen missbilligen und von mir einen Ausweis verlangen. Ich spürte den Gewissensbissen, den ein ehrlicher Mann empfinden muss, der auch nur einen gerechten Sieg durch unaufrichtige Mittel erringt.

Als sich die Tür hinter mir geschlossen hatte und ich mit meiner Kuriosität unter dem Arm frei die Neunte Straße hinaufgehen konnte, fürchtete ich mich bei jedem Schritt davor, den lauten Ruf „Stoppt den Dieb!" zu hören. auf meinen Fersen. Als ich sicher hinter der nächsten Ecke war, rannte ich tatsächlich. Eine Straße hinauf, eine andere hinunter, bald rennend, bald außer Atem, in schnellem Schritt weiter, gelangte ich schließlich zu einem kleinen, nahezu menschenleeren öffentlichen Platz, und hier setzte ich mich auf eine ausgediente Bank und ging vorsichtig hinaus mein blauer Umschlag und überprüfte zum ersten Mal dessen Registrierung.

Der Autor war offensichtlich eine Person mit entschiedenem Charakter; aber ob Mann oder Frau, war unmöglich zu erraten. Das Briefpapier hatte etwas Männliches, was auf einen gut ausgestatteten Club schließen ließ; Aber andererseits sprachen das Siegel aus violettem Wachs, der ziemlich verschwommene Abdruck dessen, was ein zierliches Wappen hätte sein können, und der Geruch von Iris, so glaubte ich, vom Boudoir einer Dame. Was den Poststempel betrifft, so war der Ort nicht verbindlich, aber die Uhrzeit und das Datum waren eindeutig 21.30 Uhr am Vortag, was für eine Dame ziemlich spät schien; Aber auch hier schreiben nur wenige Männer jemals „In Eile" über die Ecke eines Briefes. Natürlich wäre es eine einfache Sache gewesen, das Rätsel an Ort und Stelle zu lösen; Aber ein gelöstes Rätsel kann nie wieder es selbst sein, und für den Moment beschloss ich, die Freuden der Vorfreude zu verlängern. Ich lachte vor mich hin und warf einen freundlichen Blick um mich herum, wobei ich mir vage vorstellte, was Selbyville mir in späteren Jahren bedeuten würde. Ich nahm eine entspannte Haltung auf der Bank ein und blickte in den Himmel.

„Ah, Schicksal!" Ich begann gerade zu monologisieren, als eine unhöfliche Stimme neben mir mich unterbrach.

„Sag, kapiere deine Füße aus dem Gras, es sei denn, dir gehört die Erde!" sagte er und als ich aufblickte, sah ich vor mir das finstere Gesicht eines Dieners des Gesetzes. „Und was machst du überhaupt hier?" Die Stimme fuhr fort, während sich das Gesicht mit unverhohlenem Misstrauen meiner Kuriosität zuwandte, die tatsächlich wie ein in Zeitungspapier gewickeltes Kleinkind aussah.

Ich sagte, dass ich auf meinen Zug warte, und bat in aller Bescheidenheit, zum Bahnhof geleitet zu werden.

Mir wurde verächtlich geantwortet. Mir wurde befohlen: „Beweg dich!" Mit wenig Höflichkeit wurde mir gesagt, dass die Union Station nur einen Block entfernt sei. „Selbst du kannst es nicht übersehen", sagte mein Informant. „Folgen Sie der South Ninth Street."

Ich stand auf und dankte dem Mann mit aller Würde, die mir zu Gebote stand. Ich gab ihm auch eine Zigarre, was ihn zu beruhigen schien; aber wenn mein zufälliger Flug mich noch einmal ans andere Ende der Ninth Street gebracht hätte, hätte ich jeden Zug, der jemals aus Selbyville abfuhr, ohne mich abfahren lassen, anstatt ein weiteres Treffen mit dem Neugierigen zu riskieren. Als ich lässig in die falsche Richtung schlenderte, bin ich mir sicher, dass ich eine vulgäre Redewendung auffing, die von offiziellen Lippen gemurmelt wurde.

Aber die Erfahrung hatte mich gelehrt, dass jemand, der ein Geheimnis zu verbergen hat, es vor allem vermeiden sollte, aufzufallen. Also trug ich meine Kuriosität – die aus Bronze bestand und immer schwerer wurde –, als wäre sie ein Paket aus der Wäscherei, machte einen schwingenden Gang und summte einen beliebten Refrain. Mein einziger Wunsch war jetzt, absolut vernünftig zu wirken; denn „Insektenhaus" zu sein (so lautete der Ausspruch des Polizisten) ist zwar kein Verbrechen, könnte aber Nachforschungen, vielleicht Verhöre nach sich ziehen, und ich war mir keineswegs sicher, welche belastenden Inhalte mein versteckter Brief enthalten könnte. Aufgrund dieser Überlegungen kamen mir plötzlich Zweifel an meinem Recht auf den blauen Umschlag. Und je mehr ich darüber nachdachte, desto schwächer wurde mein Vertrauen in den Kurs, den ich eingeschlagen hatte. Was wäre, wenn ich mir schließlich das Geschäft eines anderen angeeignet hätte, das Geheimnis eines anderen, den schrecklichen Hinweis auf das Vergehen eines anderen?

Es war mein halber Plan gewesen, zu Fuß zu gehen, bis die Stadt weit hinter mir lag, hinaus in das stille Land, wo es sicherlich Heuhaufen und verlassene Scheunen gab, oder zumindest, wenn sich nichts Besseres bot, Bäume zum

Klettern. Aber jetzt kam mir der Gedanke, dass es vielleicht sicherer wäre, meinen Brief am helllichten Tag und auf offener Straße zu lesen, als in unsicherer und misstrauischer Einsamkeit.

Die Entscheidung war klug und ich habe keine Zeit verloren, sie in die Tat umzusetzen. denn meine Umgebung hätte im Augenblick kaum günstiger sein können. Ich stand vor etwas, das wie ein öffentliches Gebäude aussah, fest verschlossen und allem Anschein nach ungenutzt, und ganz in der Nähe befand sich ein höchst praktischer Pfosten, auf dem ich meine Kuriosität ablegen konnte, die schon seit einiger Zeit drohte, ihre Hüllen ganz abzuwerfen . Ich kann mich jetzt nicht mehr genau daran erinnern, was es war – zweifellos ein östliches Objekt –, aber kaum hatte ich es aus den Händen gelassen, als die ganze Luft von Schreien erfüllt wurde, als ob die Unholde von Tophet aus der Duranz befreit worden wären; Die großen Türen des Gebäudes öffneten sich und Kinder, unzählige Kinder kamen sofort heraus. Noch nie in meinem Leben wurden so viele Kinder auf einmal festgehalten. Sie umschwärmten mich und meine Kuriosität, stießen unhöfliche Schreie aus und deuteten mit ihren schrecklichen kleinen Fingern, um ihre jungen Gefährten weit und breit dazu zu bewegen, sich an der Auseinandersetzung zu beteiligen. In meiner Liebe zur Kindheit – einer richtig geführten Kindheit – gebe ich niemandem nach, aber Selbyville ist nicht der Ort, um sie zu finden.

Mit einem entmutigten Schrei schnappte ich mir mein Eigentum und machte mich auf den Weg dorthin, wohin ich weder wusste noch mich kümmerte, während die Kinder wie ein Rudel schlecht benommener junger Wölfe hinterherjagten. Ich überquerte eine überfüllte Durchgangsstraße, krümmte mich auf meinen Spuren, warf einen Schubkarren voller Orangen um, versetzte ein Matinee-Publikum in wilde Angst und schien überall zwei tödliche Worte zu hören. Und als ich mich schließlich auf eine Straßenbahn stürzte, klang der dumme Vulgarismus immer noch in meinen Ohren.

Ich bin sicher, dass der Schaffner mich misstrauisch beäugte; aber es war mir egal; denn ich entfernte mich jeden Augenblick weiter von den Szenen meines Unbehagens, meine Neugier war unter dem Sitz verschwunden und mein Brief sicher in meiner Innentasche. Ich nahm ein zurückgelassenes Papier und las es oder schien es zu tun, obwohl die Finger meiner linken Hand die ganze Zeit über unaufhörlich den blauen Umschlag kniffen und neue Entdeckungen machten.

In dem Blatt gefalteten Briefpapiers befand sich zweifellos eine Beilage von kleinerem Format und weicherer Textur, vielleicht eine Banknote, vielleicht ein Wechsel. Natürlich hielt ich meine Fantasie gut im Zaum und versuchte, mir nichts Wichtigeres auszudenken als einen Zeitungsausschnitt; aber selbst das ließ einen gewissen Spielraum für Fantasie. Anzeigen für vermisste Erben sind keine Seltenheit, und selbst Gedichte, die in Iris einbalsamiert werden, können eine tiefe Bedeutung haben. Ah! Was wäre, wenn ich reich wäre? Was wäre, wenn ich geliebt würde? Was wäre, wenn beides gleichzeitig? Die Sache ist nicht unmöglich. Bald sollte ich alles wissen, unter meinem Heuhaufen, in meiner Scheune oder, wie ein Vogel, auf meinem Baum schaukelnd. Ich war mir jetzt so sicher, dass das, was so viele Unannehmlichkeiten gekostet hatte, ganz mein eigenes sein musste, dass ich mich nur mit meinem Leben von dem blauen Umschlag getrennt hätte.

Es war ein Schock, als mein Träumen durch den fröhlichen Ruf des Dirigenten „Alles raus!" unterbrochen wurde. und um festzustellen, dass die dreimal verfluchte Straßenbahn die ganze Zeit über geflogen war, nicht in Richtung Land, sondern in die Tiefen des dunkelsten Selbyville, wo Gaswerke, Walzwerke und Docks um schmutzige Vorrangstellung konkurrieren. Aber wenn ich mich zu diesem Zeitpunkt nicht an Enttäuschungen gewöhnt hätte, hätte die Gelegenheit, meine Kuriosität unter dem Sitz zurückzulassen, vieles wettgemacht.

Ich habe mich seit meinem Nachmittag in Selbyville oft gefragt, woher der Mann, der die Einsamkeit lobte, seine Informationen hatte. Ich bin davon überzeugt, dass Crusoe sich nie zu einer ruhigen Pfeife hingesetzt hat, ohne dass sich Black Friday einmischte und fragte, wie spät es sei. Aber das ist müßige Spekulation.

Als ich von meiner Bürde befreit war, schlug mein Herz hoch vor Hoffnung, und als ich durch einen kaputten Zaun kroch, befand ich mich auf einem Holzplatz. Überall waren wohlgeordnete Bretter aufgestapelt, und unter den Füßen war der Boden weich von Sägemehl. Und hier habe ich keine Zeit verloren und meinen Brief hervorgeholt. Während ich das tat, blitzte eine neue und höchst fesselnde Möglichkeit auf. Die kleinere Beilage könnte ein Foto sein, einer dieser unmontierten Durchschläge, die von Amateuren aufgenommen wurden, und so wahrhaftig, dass nur gutaussehende Menschen bereit sind, sie an ihre Freunde zu schicken. Ich spürte, wie mein Puls bei dem Gedanken flatterte, und drückte den blauen Umschlag an meine Lippen, geschützt vor Beobachtung, wie ich es mir vorgestellt hatte.

Dies war jedoch nicht der Fall. Eine große Person mit kariertem Pullover und hervorstehendem Kinn, die auf einem Haufen Eisenbahnschwellen saß, hatte mich die ganze Zeit über mit tolerantem Vergnügen betrachtet. „Nun, was zum Teufel hast du überhaupt vor?" er zeichnete selbstzufrieden.

„Ich vertraue darauf, dass Sie das Eindringen verzeihen werden", antwortete ich höflich; „Aber ich habe mir die Freiheit genommen, einen Brief vorzulesen."

„Dann können Sie einfach wieder aussteigen", erwiderte der Mann mit einer Überlegung, die an sich schon eine Unhöflichkeit war. „Das ist kein Lesesaal."

„Aber", protestierte ich, „Sie werden mir doch doch nicht ein Mindestmaß an Einsamkeit und Ruhe gönnen?"

„Ich schätze, wir haben heute nicht das, was Sie wollen, auf Lager. Ich schätze, Sie erkundigen sich besser im Gefängnis; die machen eine Art Spezialität aus genau diesen Dingen."

Ich ging, nicht bereit, mich weiteren Unhöflichkeiten auszusetzen; und bald verließ ich die Gashausregion ganz; aber nicht bevor ich von einem Hund aus einer Brauerei und von einer Kahnfrau aus einem Kanalboot vertrieben worden war; Ein Stauer hatte mich zum Kampf herausgefordert, und ein betrunkener Straßenarbeiter hatte mir einen Apfel geschenkt. Und nirgendwo, nirgendwo habe ich einen Ort gefunden, an dem ich meinen Brief lesen konnte.

Zeit verging; Wie viel werde ich nie erfahren, denn ich hatte den Überblick darüber verloren. Auch heute konnte ich die kleine Brücke nicht finden, auf der ich mich erschöpft und entmutigt auf die breite Steinmauer niederließ, um mich auszuruhen. Unten strömte das Wasser schäumend durch einen Laufkanal auf die Turbinen eines Kraftwerks zu, mit einem Geräusch, das sich angenehm mit dem Surren der Räder und Dynamos im Inneren vermischte. Im Gegensatz zu den schmutzigen Anblicken und Geräuschen von Selbyville wirkte der Ort wohltuend und erfrischend auf Auge und Ohr, und als ich von der Mauerkrone aus blickte, bemerkte ich mit Freude, dass unten ein Sims aus Mauerwerk hervorragte, das breit genug war, um einen bequemen Sitzplatz zu bilden, und zwar leicht erreichbar durch einen kurzen Abstieg von der Brücke. Hier war tatsächlich eine Oase, ein Zufluchtsort, ein Rückzugsort. Aber leider war der Ort von einem Neger verlassen worden, der zu schlafen schien.

"Hallo!" Ich schrie, denn nichts weniger als Totschlag konnte mich jetzt von meinem Vorhaben abbringen. „Hallo, mein farbiger Freund! Möchtest du nicht einen Dollar verdienen?"

„Klar, Chef!" antwortete er und wachte sofort auf.

„Dann gehen Sie", sagte ich, „direkt zum Rathaus und erkundigen Sie sich, ob der Bürgermeister in der Stadt ist."

Der Mann starb, bis ihn der tatsächliche Kontakt des Dollars mit seiner Handfläche von meinem guten Willen überzeugte. Und plötzlich kletterte er auf die Brücke, während ich wenig Zeit verlor, um zu seinem Platz zu gelangen.

„Sagen Sie, Chef", rief er mir mit einem nervösen Flüstern zu, „wenn Sie es geschafft haben, sich zu ertränken, würden Sie dann bitte warten, bis ich aussteige, wo ich Sie nicht planschen hören kann?"

Endlich war ich allein, endlich sicher vor Störungen! Und da ich es kaum wagte, an solch ein Glück zu glauben, kauerte ich mich an die Wand und hielt den Atem an. So vergingen Minuten, jede einzelne von einer Qual der Angst, dass ich noch vor neuen Schwierigkeiten stehen könnte. Dann gewann ich an Kraft und zog vorsichtig noch einmal den geschätzten blauen Umschlag hervor.

Meine Hände zitterten, meine Nerven prickelten vor Emotionen; Aber ich hatte mich darauf vorbereitet, alles Gute oder Böse zu ertragen, das das Schicksal bereithalten mochte. Der starke, kühle Wind unter der Brücke gab mir neuen Mut, und selbst die Maschinen schienen Versprechen zu murmeln. Ich drückte meinen blauen Umschlag an mein Herz; Ich legte es für einen kurzen Moment auf mein Knie, um noch einmal die betörende Vorfreude zu erleben.

Die Brise wurde zum Sturm. Es drohte, meinen Hut zu lösen, und in einem verrückten Moment hob ich beide Hände. Im nächsten – ich weiß nicht, wie es passierte – im nächsten sah ich meinen Brief weit unten, wo die wilden Wasser wirbelten. Für einen Moment sprang und tanzte es vor mir, leichter als der Schaum, und dann verschwand es mit einem letzten blauen Blitz im schwarzen Wasser der Turbinengrube. –

„Fortsetzung auf Seite 14", *Sunday Magazine* , 1. April 2007.

Obwohl ich Superlative nicht mag, kann ich sagen, dass ich noch nie so enttäuscht und verärgert war.

("Wenn Sie diese Geschichte gelesen haben, ist es vielleicht gut, Sie daran zu erinnern, dass dies der 1. April ist." – ED. *Sonntagsmagazin* .)

DER GELDZÄHLER

Hiram Clatfield spähte auf der Schwelle seines Büros auf eine Weise in den Zählraum hinaus, die sich nur schwer mit den Inschriften auf der halb geöffneten Glastür in seinem Rücken in Verbindung bringen ließ. „Privat" stand dort in vergoldeten Buchstaben und „Präsident", aber der Ton des Präsidenten war fast der eines Menschen, der um einen Gefallen bittet, als er sagte:

„Mr. Wattles, falls Sie einmal abwesend sein sollten, würde ich gerne gleich mit Ihnen sprechen."

Der Kassierer, der sich auf seinem hochbeinigen Hocker herumdrehte, warf einen bedauernden Blick auf ein Regiment von Figuren, eine Marschkolonne in sechs Reihen, aus der er die Neunen ausgeworfen hatte, und antwortete resigniert:

„Ich bin derzeit nicht engagiert."

„Dann kommen Sie bitte herein", sagte Mr. Clatfield und nahm die Unwahrheit dankbar entgegen. „Komm rein und schließ die Tür."

Der Raum mit der Aufschrift „Präsident" war mit geviertelter Eiche getäfelt, ähnlich der Prunkwohnung eines Privatwagens, und enthielt einen polierten Schreibtisch, sechs Stühle mit roten Marokko-Sitzen, einen türkischen Teppich und das in Öl gemalte Porträt eines ehemaligen Präsidenten. Unter dem Bild stand auf einem Sockel und geschützt durch eine Glaskuppel eine kleine Maschine, die von Zeit zu Zeit ruckartige, nervöse Klicks von sich gab und mystische Zeichen auf ein endloses Papierband druckte.

Der ehemalige Präsident an der Wand lächelte ständig und blickte auf die Glastür, als ob es ihm Vergnügen bereitete, durch sie hindurch die Doppelreihe gepflegter junger Männer auf hohen Hockern zu beobachten, die so gut beschäftigt waren. Vielleicht gefiel es ihm noch mehr, die kleinen, mit Messinggittern vergitterten Fenster weiter hinten zu beobachten, wo den ganzen Tag von zehn bis drei zahllose Gesichter kamen und gingen – dünne Gesichter und fett, und alt und jung und Hände, unzählige Hände, einige zum Tragen und einige zum Abholen, aber alle, um eine Hommage an denjenigen zu hinterlassen, der am polierten Schreibtisch sitzt.

„Bitte lesen Sie diesen Artikel, Mr. Wattles", sagte der Präsident und zeigte mit einem gepflegten Fingernagel auf einen Absatz im „Morning *Mercury*", und indem er seine Brille aufsetzte, las Mr. Wattles:

„Konservative Schätzungen gehen davon aus, dass das Vermögen von Hiram Clatfield sieben Millionen Dollar beträgt."

Im selben Moment schien sich die kleine Maschine aufzuwecken.

„Con-serv-vat-ive-est-i-ma-tes-place-the-for-tune-of-Hi-ram-Clat-field-at--
", schien es absichtlich zu wiederholen, als wäre es ein Diktat, und gestoppt.

„Sieben Millionen Dollar", schloss eine Schreibmaschine im Zählraum hinter
den Glastüren, und der Satz endete mit dem Klingeln der kleinen Glocke,
die darauf hinweist, dass eine Zeile fast zu Ende ist.

Nachdem Mr. Wattles das Papier auf den Tisch gelegt hatte, wischte er seine
Brille mit einem Taschentuch ab und hielt sie gegen das Licht.

„Beabsichtigen Sie, in dieser Angelegenheit Maßnahmen zu ergreifen?" er
erkundigte sich. „Kann ich irgendetwas tun?"

Mr. Clatfield trat in die Mitte des Teppichs und steckte beide Hände in die
Hosentaschen.

„Wattles", sagte er, „ist das wahr?"

„Nicht ganz", sagte der andere und ließ in seinem Ton nichts außer dem
Wunsch nach Genauigkeit erkennen. „Ich denke, man kann mit Sicherheit
sagen, dass es mindestens zehn Millionen Dollar sind – wenn man
Schwankungen berücksichtigt."

„Allowing – für – Fluktuationen –", wiederholte der Ticker.

„Zehn Millionen Dollar", schloss die Schreibmaschine.

Zwischen den beiden Männern auf dem türkischen Teppich gab es so wenig
Auswahl, dass einer von ihnen, mit Strohzylindern zum Schutz seiner
Manschetten und einem vom Wischen von Stiften leicht beschädigten linken
Mantelärmel, Kassierer hätte sein können, und ohne diese Marken hätte einer
von beiden es durchaus sein können Präsident. Der Bankier war ein wenig
kahl und an den Schläfen grau. Das Haar des anderen war immer noch
hochgesteckt und hatte einen Farbton, der in seiner Schulzeit „Chipmunk"
als passenden Spitznamen nahegelegt hatte.

„Wattles", sagte der Bankier langsam, „was sind zehn Millionen Dollar?"

„Na ja, es ist – es ist ein Haufen Geld", fälschte die Kassiererin.

Der andere drehte sich zum Rand des Teppichs und zurück.

„Das hilft mir nicht", protestierte er. „Das gibt mir keine Ahnung. Du warst
früher so voller Fantasien", fuhr er etwas kleinlich fort; „Als wir als Kinder
draußen waren, hast du immer einen Gedichtband mitgebracht, um ihn beim
Mittagessen zu lesen", stimmte er in Richtung Zählraum zu. „Du hast mich
immer ausgelacht, weil ich über Preisnachlässe rätselte, und gesagt, ich wäre
wie ein Pferd mit Scheuklappen umhergegangen, um alles auszublenden, was

nicht direkt vor mir lag. Ich konnte mir nie etwas vorstellen – jetzt kann ich mir zehn Millionen nicht mehr vorstellen. Wie „Lange würde es dauern, wenn es alles in Dollarscheinen wäre, die aneinandergereiht wären? Wie groß wäre es, wenn es in Zweihundert-Briefmarken wäre?"

„Es würde ein wenig dauern, das herauszufinden", antwortete der andere Mann respektvoll, wenn auch nicht ohne ein Augenzwinkern. „Ich kann Ihnen in einer halben Stunde eine Stellungnahme zukommen lassen."

„Dann tun Sie es nicht", entgegnete der Bankier. „Ich habe die Zahlen satt, und die brauchte man nie, wenn man nach Bankschluss Märchen erfand, während man durch die Straßen streifte."

„Ich erfinde oft noch immer Märchen", sagte Herr Wattles, „auch nachdem die Bank geschlossen hat."

"Tust du?" fragte der andere. „Tust du das immer noch? Und gehst du immer noch spazieren, bevor du zum Abendessen nach Hause gehst?"

„Ja, wenn es nicht regnet."

„Und glauben Sie, dass es heute Abend klar sein wird?"

Mr. Wattles lachte.

„Heute Abend werde ich zu spät aussteigen", sagte er, „weil morgen ein Feiertag ist."

„Welche Feiertage?" fragte Mr. Clatfield.

„Weihnachten", sagte Mr. Wattles.

„Ich gebe nicht vor, alle Feiertage im Auge zu behalten", sagte Herr Clatfield.

„Nein", sagte Mr. Wattles, „ich denke nicht."

Es war ein geschäftiger Tag in der Bank, und die städtischen Uhren hatten sechs Uhr geläutet, als der Kassierer die Zeitschlösser im Tresorraum einstellte und dem Wächter an der Tür eine gute Nacht wünschte. Aber wenn er überrascht war, einen alten Kameraden auf der Treppe warten zu sehen, verriet sein Gesicht dies nicht.

„Ich dachte, ich gehe ein Stück mit dir", erklärte der Bankier mit einem Versuch der Nachlässigkeit, der über das Ziel hinausschoss.

„In Ordnung", sagte Mr. Wattles, knöpfte seinen brauchbaren Mantel zu und warf einen kurzen Blick mit einem Streifenhörnchen auf das Wetter. „Es würde Ihnen nichts ausmachen, wenn ich meine Halsbänder nicht mehr bekomme?"

Ein nebliger Regen fiel und die Straßen waren voller Menschen, die von der Arbeit nach Hause eilten. Als die beiden Männer sich der Prozession anschlossen, machte der Bankier einen unbeholfenen kleinen Hüpfer, um die Stufe aufzufangen.

„Ich nehme an, dass Sie Ihre Wäsche nicht immer noch an denselben Ort bringen?" er spekulierte.

„Oh ja, derselbe alte Ort", antwortete der andere. „Mrs. Brennan ist natürlich tot, aber Mary Ann führt das Geschäft immer noch weiter."

„Du meinst nicht die kleine Mary Ann?"

„Ja, sie ist jetzt die große Mary Ann und hat selbst fünf Kinder. Ihr Mann war Weichensteller auf dem Hof, bis er vor zwei Jahren von einer Lokomotive überfahren wurde."

In der drängelnden Menge war es schwierig, zusammenhängende Gespräche zu führen, und oft gingen die beiden Männer einen halben Block lang schweigend weiter. Einmal ging Mr. Wattles in einen kleinen Laden, um Tabak für seine Pfeife zu kaufen. Als er zurückkam, fand er den Bankier mit Sehenswürdigkeiten beschäftigt.

„Gab es da drüben nicht einmal einen Lebensmittelladen?" fragte Mr. Clatfield.

„Ja, dort, wo jetzt das hohe Gebäude steht", antwortete der andere. „Erinnerst du dich an den dicken Lebensmittelhändler, der uns Äpfel verkaufte?"

„Oh ja", erwiderte der Bankier, „und es waren auch erstklassige Äpfel. Seltsam, aber ich kann jetzt keine Äpfel essen; sie vertragen mich nicht."

„Nein", sagte Mr. Wattles, „ich denke nicht."

Die erleuchteten Fenster eines großen Kaufhauses bildeten einen Lichtbogen in der trüben Nacht und erzeugten eine Illusion von Schutz, die so stark war, dass man durchaus glauben könnte, man sei drinnen. Der Regen verwandelte sich in Schnee, der unter den Füßen schmolz, den Vorübergehenden aber in Haar, Bart und Schultern hing. Entlang des Bordsteins standen in einer Reihe von Schubkarren billiges Spielzeug und Weihnachtsgrün zum Verkauf.

„Erinnern Sie sich, wie wir früher in den Läden herumlungerten, Geschenke aussuchten und uns einbildeten, wir hätten viel Geld?" fragte Mr. Wattles.

„Das war Ihr Spiel", antwortete Mr. Clatfield. „Ich konnte mir nie etwas vorstellen. Ich konnte nur die Dinge sehen, auf die du hingewiesen hast."

Dem Bankier kam es so vor, als ob an der Stelle seines mittelalten Kassierers ein seltsamer, wachsamer kleiner Junge mit struppigem Haar und

Knopfaugen neben ihm herginge, und er ertappte sich dabei, wie er sich in der alten, vergeblichen Hoffnung umsah, es als Erster zu schaffen etwas Interessantes entdecken. Als sie in eine weniger befahrene Straße einbogen, fragte er:

„Was ist aus der alten Frau geworden, die Butterscotch gemacht hat?"

„Das Letzte hat sie 1981 gemacht", antwortete der andere. „Die Münzautomaten haben ihr Geschäft kaputt gemacht."

"Wirklich?" kommentierte der Bankier. „Es scheint schade."

Die Luft wurde kälter und die tanzenden Schneepartikel bildeten einen Heiligenschein um jede Straßenlaterne.

„Sehen sie nicht aus wie Eintagsfliegenschwärme?" bemerkte Herr Wattles. „Man könnte fast glauben, es sei Sommer."

„Ja, das könnte man meinen", stimmte Mr. Clatfield zu, „jetzt, wo Sie darüber sprechen."

Ein paar Schritte eine rutschige Gasse hinauf blieben sie vor einem schäbigen kleinen Haus stehen, dem schäbigsten einer Reihe kleiner Häuser, von denen jedes die Aufschrift „Washing Done" trug.

„Kommen Sie herein", sagte der Kassierer, als er die Tür aufstieß.

Drinnen stand eine große, hagere Frau mit nackten roten Armen vor einem Waschbecken auf einem Holzstuhl ohne Rückenlehne. Auf dem Boden, inmitten der Wäschehaufen, die auf die Wanne warteten, rollte und wälzte sich ein Wurf kleiner Kinder wie Hundewelpen. Girlanden aus trocknenden Hemden und Taschentüchern hingen in einer Atmosphäre aus Dampf und Schaum.

Beim Anblick von Mr. Wattles brach in der Frau eine Flut von Erklärungen und Entschuldigungen aus. Das Wasser war die ganze Woche über gefroren, die Sonne wollte nicht scheinen, das Baby war krank gewesen. Es gab ein Dutzend Gründe, warum er seine Halsbänder nicht tragen konnte, da der Redner den Himmel als Zeuge anrief.

„Du hättest sie sofort um deinen Hals", erklärte sie, „wenn die Arbeit sie dorthin bringen könnte, denn ich selbst bin es, der das Geld für mich braucht."

"Hm!" sagte Mr. Wattles, „ich hatte den Eindruck, dass Sie mit Ihrer Klage gegen die Eisenbahn ziemlich gut davongekommen sind."

„Behauptung, oder?" rief die Wäsche. „Klage gegen die Eisenbahn? Faith, nachdem sie mich zwei Jahre lang warten ließen, warfen sie mich aus dem Gericht. Sie sagten, dass Mike zu seiner Fahrlässigkeit beigetragen habe und dass es ihm recht getan habe."

„Das scheint ein wenig schwierig zu sein", bemerkte Mr. Clatfield zurückhaltend, denn er war Direktor bei der Eisenbahn.

„Ihnen gebührt kaum ein Vorwurf, aber Sie sind ein Gentleman!" rief die Wäscherin.

„Zumindest hat Ihr Mann Ihnen eine ziemlich kleine Familie hinterlassen", wagte der Bankier zu behaupten.

„Schon wieder Mitverschulden!" sagte Mr. Wattles leise.

„Es ist alles, was ein Körper tun muss, um sie zu ernähren", klagte Mary Ann, „das wissen Sie vielleicht selbst gut, Sir, wenn Sie selbst Kinder haben."

„Ich habe keine", sagte der andere.

„Gott habe Mitleid mit dir!" kehrte die große Mary Ann zurück.

„Ah, das fällt mir ein", warf Mr. Wattles ein, näherte sich der Wäscherin und erklärte: „Mein Freund hier ist der Bankier, Mr. Clatfield."

„Es ist stolz, dass ich heute bin", antwortete sie höflich.

„Er hat keine Kinder", fuhr Mr. Wattles fort, „aber er möchte unbedingt eines adoptieren, und da er weiß, dass man mehr hat, als man wirklich braucht –"

"Was sagst du?" begann Mr. Clatfield, aber seine Stimme ging in einem Ausbruch der Frau unter.

„Ist es dumm, dass du bist?" Sie weinte. Mr. Wattles fuhr unbeachtet fort:

„Er ist bereit, Ihnen zehntausend Dollar für so etwas zu geben" – er deutete mit seinem Stock auf einen lebhaften Klumpen auf dem Boden.

„Ich, Teddy, oder?" rief die Mutter, hob den Klumpen auf und legte ihn zur Sicherheit in eine leere Wanne.

„Oder was würden Sie zu zwanzigtausend für diesen hier sagen?" beharrte Mr. Wattles und benutzte erneut seinen Stock.

„Klar, das bin ich, Dan", hätte die Frau fast geschrien, und ein weiterer Klumpen landete in der Wanne.

„Nun, wir sind nicht geneigt, uns über Kleinigkeiten zu streiten", fuhr Mr.
Wattles fröhlich fort. „Sie wählen das Kind aus und nennen den Preis –
zwanzig, dreißig, vierzigtausend – alles in bar."

„Wann hier raus und nimm dein schmutziges Geld mit, ja!" rief Frau Murphy
rollt bedrohlicherweise eine nasse Socke zu einem Ball zusammen.

„Wenn Sie so denken, werden wir die Angelegenheit natürlich nicht dringend
angehen", sagte Mr. Wattles kalt. „Guten Abend, Frau Murphy."

„Pech gehabt, dass du ein paar verdammte Vipern erwischt hast!" rief sie
ihren sich zurückziehenden Gestalten nach. „Wenn ich die Kraft hätte,
würdest du nicht weit kommen."

„Ich bin erstaunt über dich, Wattles", sagte Mr. Clatfield, als sie sicher hinter
der Gasse waren. „Ich hätte für das Los keinen Dollar gegeben."

„Nein", sagte Mr. Wattles, „ich denke nicht."

Die beiden Männer gingen eine Zeit lang schweigend weiter, während Mr.
Clatfield sich damit beschäftigte, den Sinn von Mr. Wattles' unpassendem
Scherz zu ergründen. Mehr als einmal hätte er die Expedition abgebrochen,
wenn ihm eine Ausrede eingefallen wäre, und obwohl der Kurs etwas
umständlich war, gingen sie im Großen und Ganzen auf seine eigene Haustür
mit ihren breiten Marmorstufen und eisernen Löwen zu . Die Leute auf der
Straße waren wenige und uninteressant, die Häuser langweilig und eintönig,
jedes mit seinen heruntergezogenen gelben Jalousien und den schwach
beleuchteten Oberlichtern, und der Bankier freute sich über den Anblick von
etwas, das vor ihm wie eine Art Versammlung aussah.

Sie waren auf einen trostlosen Platz gelangt, umgeben von hohen
Lagerhäusern und Großhandelsgeschäften, die jetzt dicht verschlossen und
mit eisernen Fensterläden vergittert waren. Eine Reihe von Lieferwagen und
Karren ohne ihre Pferde besetzten einen freien Platz und verstießen damit
gegen das Gesetz. Von einem davon aus wandte sich ein Mann an eine kleine
Gruppe unaufmerksamer Herumlungerer.

Das Publikum wechselte ständig, während diejenigen, deren vorübergehende
Neugier gestillt war, wegzogen, um durch andere ersetzt zu werden, aber dem
Mann schien es egal zu sein, wie wenige oder viele blieben, um zuzuhören.
Er war ein junger Mann, und sein Gesicht strahlte im vollen Glanz des
elektrischen Lichts vor Begeisterung für sein Thema, was auch immer es sein
mochte. Der Kassierer drängte sich in die Menge und Mr. Clatfield folgte
ihm.

„Ich glaube, er würde es vorziehen, nachts so drinnen zu sprechen“, bemerkte der Bankier.

Das Thema des Redners war alt, alt wie der Baum Eden, aber die beiden Neuankömmlinge hatten noch nie eine wirksamere Rede gehört. Vielleicht erzeugte die Kulisse des trostlosen, verlassenen Marktplatzes eine Illusion.

„Dieser Mann wird reich“, rief er, „der jeden Tag ein wenig zum Überschuss in seinem Herzen beitragen kann –“

„Welche Zinsen zahlen Sie?“ rief ein Umstehender scherzhaft.

„Keine“, antwortete der junge Mann. „Wir sind ein Unternehmen mit Gewinnbeteiligung.“

„Das hat nichts zu bedeuten“, kommentierte Herr Wattles; „Aber es war trotzdem eine erstklassige Antwort. Es brachte die Leute zum Lachen.“

"Ich wundere mich warum?" fragte Mr. Clatfield.

Der Vortrag endete plötzlich und das Publikum zerstreute sich, einige mit schwingenden Eßeimern, andere mit dünnen Mänteln, die am Hals fest zugeknöpft waren.

„Es tut einem gut, zu hören, dass die Welt nicht vor die Hunde geht“, bemerkte ein stämmiger Arbeiter, „auch wenn es nur ein Spinner ist, der das sagt.“

„Guten Abend“, sagte der junge Mann, sprang von seinem Wagen und landete in Sprechweite der beiden Abenteurer. „Ich freue mich, Sie hier zu sehen.“

„Und wir sind froh, hier zu sein“, antwortete Herr Wattles. „Wir waren sehr interessiert, insbesondere mein Freund Mr. Clatfield, der Bankier.“

Mr. Clatfield richtete sich auf, da er eine so unnötige Einführung für nötig hielt.

„Ich habe oft von Mr. Clatfield gehört“, sagte der andere schlicht, „und ich freue mich jetzt, seine Bekanntschaft zu machen. Guten Abend, meine Herren, ich hoffe, Sie kommen wieder.“

„Einen Moment bitte“, warf die Kassiererin ein. „Wir werden Sie nicht lange aufhalten, aber mein Freund hier hat einen Vorschlag für Sie. Er ist im Begriff, eine große Kirche auf den Heights zu bauen, und er ist bestrebt, einen Prediger zu finden, der die Ansichten vertritt, die Sie so gut geäußert haben. May.“ Ich frage Sie, Sir, ob es Ihnen freisteht, einen solchen Auftrag zu übernehmen?“

Das Gesicht des jungen Mannes errötete vor befriedigtem Staunen.

„Eine Kirche? – und auf den Höhen?" er stammelte.

„Ja", fuhr Mr. Wattles fort, „eine große Kirche – sehr groß. Ich glaube nicht, dass es Ihnen leid tun würde, so etwas aufzugeben." Er machte eine Kopfbewegung in Richtung des Wagens.

„Wäre das nötig?" fragte der junge Mann.

„Natürlich", erwiderte der andere. „Beides lässt sich kaum vereinen."

„In diesem Fall", sagte der Prediger, „bin ich nicht frei."

„Das Gehalt, das hätte ich Ihnen sagen sollen, wird zwanzigtausend Dollar betragen."

„Für diesen Betrag sollte man einen erstklassigen Mann bekommen", antwortete der Prediger. „Ich sollte Ihnen raten, den Bischof zu konsultieren."

„Danke", sagte Mr. Wattles, „und gute Nacht."

„Wattles", rief Mr. Clatfield, der das Gespräch mit verblüffter Verwunderung gehört hatte, die ihm die Fähigkeit zum Sprechen nahm; „Wattles, ich habe nicht die geringste Ahnung, weder auf den Heights noch anderswo eine Kirche zu bauen."

„Nein", sagte Mr. Wattles, „ich denke nicht."

„Ich gehe nach Hause", verkündete der Bankier.

„In Ordnung", stimmte der andere zu. „Wir werden hier bis zur Main Street durchschlagen."

Auf der Main Street wurden sie mehrere Minuten lang an der Ecke, an der sich die Straßenbahnen kreuzen, von den Menschenmengen aufgehalten, die auf die Autos warteten oder wie Schafe auf der Suche nach Salz um den Transferagenten strömten. Für Mr. Clatfield waren sie ein langweiliger, heruntergekommener Haufen, genau wie jeder andere Haufen, der dort jede Nacht auf blaue, rote oder gelbe Straßenbahnen wartete. Aber der Blick des Kassierers wanderte von Gesicht zu Gesicht, mehr selektierend als suchend, und dann stieß er seinen Begleiter an, um auf ein Paar aufmerksam zu machen, das ein wenig abseits von den anderen unter dem Schutz eines kleinen, unzureichenden Regenschirms stand.

„Was ist mit ihnen?" fragte der Bankier verärgert. „Man muss nicht lange suchen, um einen Kerl und ein Mädchen zu sehen."

Der Kerl war in diesem Fall groß und kräftig gebaut, und die Tatsache, dass er keinen Mantel trug, könnte auf anstrengende Gewohnheiten zurückzuführen sein. Aber wie Mr. Wattles bemerkte, war er der einzige Mann ohne Abendzeitung, und er trug seinen Derby-Hut umgekehrt, damit eine abgenutzte Stelle am Rand weniger auffiel.

„Ich wette, dieser junge Mann hat es furchtbar schwer", bemerkte Mr. Wattles.

„Du willst doch nicht, dass ich ihn adoptiere, oder?" fragte Mr. Clatfield.

„Oh nein, aber sieh nur, wie seine Schulter von den Tropfen des nassen Regenschirms durchnässt wird."

„Das ist die Schuld des Mädchens", sagte Mr. Clatfield. „Ich schätze, er wünschte, sie wäre zu Hause."

Sie war ein schlichtes Mädchen mit Sommersprossen auf der Nase; Sie trug einen Lunchkorb und die Nähte ihrer Handschuhe waren weiß, aber als der junge Mann ihr etwas ins Ohr flüsterte, dachte sogar Mr. Clatfield, dass er noch nie ein attraktiveres Lächeln gesehen hatte. Als ein blaues Auto vorbeikam, half der junge Mann ihr vorsichtig die Stufe hinauf, und sie schüttelten sich die Hände und lachten und machten ein kleines Geheimnis aus der Tat. Als das Auto weiterfuhr, rannte der junge Mann unter die Markise, unter der der Bankier und die Kassiererin standen.

„Guten Abend, Sir", sagte Mr. Wattles. „Ich habe dich oft in der Bank gesehen."

„Oh ja, in der Tat", antwortete der andere und war höchst erfreut, von einem so Großen wie Mr. Wattles anerkannt zu werden. „Ich bin jeden Tag für meine Arbeitgeber Pullman & Pushings da."

„Eine ausgezeichnete Firma", kommentierte Herr Wattles. „Ich verstehe, dass sie ihre Leute gut bezahlen."

„Oh, was das betrifft", antwortete der andere lachend, „es ist in Zeiten wie diesen ziemlich ansehnlich, überhaupt zu bezahlen."

„Das stimmt", stimmte Herr Wattles zu. „Die Zeiten sind langweilig und werden höchstwahrscheinlich noch schlimmer."

„Oh, meinst du das wirklich?" fragte der junge Mann ziemlich weise.

„Natürlich", antwortete die Kassiererin, „und wenn Sie daran denken, eine Gehaltserhöhung zu verlangen, würde ich Ihnen davon abraten."

„Ich bin sehr dankbar für den Rat", erwiderte der andere, „denn ich habe nachgedacht –"

"Hm!" hustete Mr. Wattles und unterbrach ihn. „Ich möchte Ihnen unseren Präsidenten vorstellen, Mr. Clatfield."

Der junge Angestellte nahm versehentlich seinen Hut ab und setzte ihn falsch herum wieder auf. In seiner Verwirrung hatte er nicht bemerkt, dass Hiram Clatfield eiskalt über seinen Kopf blickte; er hörte nur die Stimme der Kassiererin, die wie verzauberte Musik weiterklang:

„Mr. Clatfield ist seit einiger Zeit auf der Suche nach einem Privatsekretär. Das Gehalt würde der Verantwortung von Anfang an angemessen sein, und sollten Sie sich als der richtige Mann erweisen – aber natürlich würden wir keine Versprechungen machen. Glauben Sie, dass Sie es wären? bereit, eine solche Eröffnung in Betracht zu ziehen?"

"Würde ich?" hat den Junior-Angestellten verschwendet.

„Und Sie sind übrigens nicht verheiratet, oder?"

„Nein", sagte der junge Mann, „das bin ich nicht, aber –"

„Das ist gut", fuhr die Kassiererin fort. „Das ist ein großes Glück, denn Mr. Clatfield möchte, dass seine vertraulichen Sekretäre alleinstehende Männer sind. Tatsächlich macht er das zur absoluten Bedingung."

„Der Mist, den er macht!" antwortete der junge Angestellte. „Dann kann er den Platz jedem außer mir geben. Da kommt mein gelbes Auto. Gute Nacht und vielen Dank."

„Wattles", rief Mr. Clatfield, „sind Sie verrückt geworden? Ich will unter keinen Umständen eine Privatsekretärin!"

„Nein", antwortete Mr. Wattles, „ich denke nicht."

Die beleuchteten Straßenbahnwagen rasten vorbei. Der Wind hatte zugenommen, bis der große Schirm des Transferagenten wie ein gelber Fallschirm in den Himmel zu fliegen drohte. Schon an den Ecken wurde der Boden weiß. Irgendwo schlug gedämpft die Uhr sieben.

„Wattles", sagte Mr. Clatfield, „kommen Sie nach Hause und essen Sie mit mir. Ich würde gerne über unseren Spaziergang sprechen."

„Ich kann nicht – Nacht", antwortete die Kassiererin. „Ich werde mit einem Mann namens Briggs zu Abend essen."

Mr. Clatfield versuchte sich vorzustellen, wie dieser Mr. Briggs war und wie sein Abendessen aussehen würde, aber in beiden Fällen gelang es ihm nicht, sich ein Bild zu machen, weil er sich nie etwas vorstellen konnte.

„Kommen Sie wenigstens mit mir zur Tür", sagte er.

Es war nicht mehr weit bis zu der Stelle, an der die eisernen Löwen hockten, und plötzlich standen die beiden Männer vor ihnen und schüttelten sich die Hände.

„Gute Nacht", sagte Mr. Clatfield. „Das war wie in alten Zeiten. Ich nehme an, du wirst morgen nicht in der Bank sein?"

„Ich werde vielleicht eine Stunde dort bleiben, um ein paar Arbeiten zu erledigen", antwortete die Kassiererin. „Kann ich irgendetwas tun?"

Er zog ein Notizbuch aus seiner Tasche. Als er die Seite im Licht einer Straßenlaterne hielt, fiel sein Blick auf einige kleine, ordentlich mit Bleistift gezeichnete Figuren.

„Übrigens", sagte er, „ich habe Ihr Problem herausgefunden. Zehn Millionen Ein-Dollar-Scheine, aneinandergereiht, ergeben einhundertzehn Meilen, achtundvierzig Hundertstel und einen Bruchteil."

„Danke", sagte Herr Clatfield.

„In zweihundert Briefmarken —" fuhr der Kassierer fort, aber sein Arbeitgeber mischte sich ein.

„Kümmere dich nicht um die Briefmarken", sagte er. „Morgen, wenn Sie Zeit haben, möchte ich Sie bitten, drei Schecks auf mein Privatkonto auszustellen."

„Drei Schecks —", wiederholte Mr. Wattles und bereitete sich darauf vor, sich eine Notiz zu machen.

„Für jeweils zwanzigtausend – nein, machen Sie es für jeden fünfzigtausend."

„Für jeweils fünfzigtausend Dollar – und zahlbar an —"

Mr. Clatfield zögerte einen Moment und fuhr dann verzweifelt fort:

„Eines ist an die große Mary Ann zu zahlen, eine an den Prediger und eine – machen Sie es an das Mädchen mit den Sommersprossen auf der Nase."

Der Kassierer hielt inne und wagte zum ersten Mal in seiner langen Dienstzeit, Anweisungen zu bestreiten.

„Hiram", sagte er, „welchen Schaden haben sie dir zugefügt?"

Mr. Clatfield antwortete nicht, sondern stand schweigend da und steckte seinen Stock in das offene Maul des eisernen Löwen.

DER EHRENGAST

„Vorstellungsschreiben!" Clara seufzte. „Man kann nicht anders, als sich zu wünschen, sie wären wie andere Lotterielose zu Vergehen geworden." Und da dies ihre dritte Bemerkung von ähnlicher Bedeutung war, wurde ihre Neugier zumindest entschuldbar. Also Frau Penfield streichelte in stillem Mitgefühl einen schwarzen Muff.

„Wir haben gestern eines von Jacks Tante aus Boston bekommen", fuhr ihre charmante Gastgeberin fort, „einer Mrs. Bates, die uns ständig Spiritualisten oder Leute schickt, die Miniaturen malen, oder armenische Flüchtlinge, nur weil wir etwa eine Woche mit ihr verbracht haben." Sommer, als die Kinder Mumps hatten. In Slow macht es einem nichts aus, man sucht lieber nach Prüfungen, aber jetzt gehört einem der Esstisch wirklich nicht mehr einem. Maude, lass mich dir noch eine Tasse Tee geben; es ist furchtbar schlimm, ich Weißt du, wir müssen es den Dunbar-Mädchen abkaufen. Wenn die Freunde nur nichts verkaufen würden, was man trinken muss!"

„So eine entzückende kleine Teekanne würde jeden Tee köstlich machen, da bin ich mir sicher", murmelte Frau. Penfield, und das Gespräch blieb bestehen, während ein geräuschloser Diener eintrat, Holz auf das Feuer legte und eine elektrische Glühbirne in einer schillernden Hülle anzündete. Ein Duft von Schnittblumen und ein exotischer Hauch von Muffin wehten in der Luft.

Frau. Als Fessenden den Tee zubereitet hatte, sank sie noch einmal zwischen die Kissen zurück und streckte ihre kleinen Füße dem Feuer entgegen.

„Ich bin nicht zu Hause, Pierre", verkündete sie.

„Perfekt, Madam", antwortete der Diener, als wäre die Abwesenheit selbstverständlich.

Frau. Penfield muselte und nippte.

„Manche Frauen sind im Alter so rücksichtslos", sagte sie erinnernd.

„Und das gilt auch für die meisten Männer, wenn sie jung sind", fügte die Dame mit den Kissen hinzu, „und Jack ist, obwohl er in vielerlei Hinsicht nett ist, keine Ausnahme. Als ich ihn um Hilfe bitte, indem ich unerwartete Männer habe, die zum Mittagessen gefüttert werden müssen." Im Club sagt er, Champagner am Mittag versetzt ihn in einen Schlaganfall. Und so müssen wir eine unbekannte Person zu unserem allerschönsten Abendessen einladen."

„Welche unbekannte Person?" fragte Frau Penfield und Clara seufzten.

„An Mr. Hopworthy", antwortete sie. „Wenn du kannst, stell dir einen Mann namens Hopworthy vor."

Frau. Penfield versuchte es und scheiterte.

"Wie ist er?" Sie fragte.

„Ich habe keine Ahnung. Er hat gestern um drei Uhr hier angerufen – stellen Sie sich einen Mann vor, der um drei Uhr anruft! Und Jack bestand darauf, ihn für morgen Abend einzuladen – und ich musste so viel darüber nachdenken Morgen Nacht!"

„Natürlich kommt er", warf Frau ein. Penfield; „Solche Leute bereuen es nie."

„Oder Annahmen auch, wie es scheint", erwiderte ihre Freundin; „Der Unglückliche hat noch nicht einmal geantwortet, und bald wird es zu spät sein, auch nur ein Notmädchen zu holen."

„Oh, man kann ein Mädchen immer erschrecken", sagte der andere tröstend.

Pierre kam mit einem kleinen Silbertablett herein.

„Eine Notiz, wenn Madame bitte", verkündete er. Vielleicht freute sich Madame über eine Ananas oder ein Meerschweinchen. Als er sich zur Ruhe gesetzt hatte, riss Madame den Umschlag auf. Ein Anflug von Vergnügen machte sie noch bezaubernder.

„Hopworthy wurde schwer verletzt!" sie weinte fast vor Jubel.

„Und wie viel Angst hast du umsonst gehabt, Liebes!" sagte Frau Penfield, erhebt sich. „So oft kommt es viel besser, als wir zu hoffen wagen. Was sagt er?"

„Oh, nur das; er schreibt abscheulich", und Clara las:

SEHR GEEHRTE FRAU. FESSENDEN :

Ich versichere Ihnen, nichts Geringeres als eine schwere Verletzung könnte mich daran hindern, Ihre bezaubernde Einladung für Mittwochabend in Anspruch zu nehmen ...

„Oh, Maude, du kannst dir nicht vorstellen, was für eine Erleichterung das ist!"

„Aber –" begann Mrs. Penfield hielt inne und Clara faltete den Zettel und riss ihn absichtlich in zwei Teile.

„Ich glaube nicht, dass er überhaupt ernsthaft verletzt wurde", sagte sie nach kurzem Nachdenken. „Er wollte einfach nicht kommen. Stellen Sie sich einen Mann vor, der so eine Ausrede erfindet!"

„Aber –" begann Mrs. Penfield noch einmal, als Mrs. Fessenden mischte sich ein.

„Ich hoffe, seinen elenden Namen nie wieder zu hören", sagte sie. „Maude, Liebling, wirst du den morgigen Abend nicht vergessen?"

„Nicht, es sei denn, Butler vergisst mich", sagte Mrs. Penfield, wobei beide Damen das Lachen lachten, das einen angenehmen Besuch abrundet.

„Jack", flüsterte Clara, „bitte zähle und schau, ob alle hier sind; es sollten zwanzig sein."

Es war Mittwochabend, und im kolonialen Salon des Fessenden fand eine Versammlung statt, die die schneeweiße Brust jeder Gastgeberin vor Zufriedenheit zum Leuchten bringen sollte, insbesondere einer Gastgeberin, die einen Zoll weniger Taille und einen Zoll mehr Ehemann hatte als jede anwesende Dame.

„Genau zwanzig", verkündete Jack; „Das heißt, wenn wir den Gesandten und die Gräfin jeweils als nur einen zählen, was nicht ganz respektvoll erscheint."

„Bitte versuchen Sie nicht, albern zu sein", sagte seine Frau und vermutete, dass sie zu Unrecht stimuliert wurde.

Für sie war die Funktion eine ernsthafte Leistung, schön proportioniert und in allen Teilen vollständig; von Frau Ballingtons Tiara – ein Sternbild, von dem man nie weiß, dass es in dunstigen gesellschaftlichen Atmosphären glänzt – bis hin zu den außergewöhnlichen ausländischen Stiefeln des Envoy Extraordinary. Sogar die Gräfin, die praktisch ein Solferino-Teekleid mit vornehmer Unbekümmertheit trug, war kein Störfaktor. Jeder wusste, dass die zwanzig unschätzbaren Koffer der Gräfin versehentlich nach Kapstadt gelangt waren, und ihre Anwesenheit machte den hübschen Salon zu einem Salon , genau wie die Anwesenheit des Gesandten den kosmopolitischen Anlass machte. Als der Mandolinenclub in der Halle einen temperamentvollen Fandango anstimmte, zeigte kein spitzes Kinn in der ganzen Stadt eine stolzere Haltung als das von Clara Fessenden.

Der außerordentliche Gesandte hatte gerade kein geringeres diplomatisches Geheimnis preisgegeben, als dass seiner Meinung nach ein gewisser Krieg irgendwann in Frieden enden würde, als Mrs. Penfield, der zufällig in der Nähe war, erkundigte sich:

„Oh, Clara, haben Sie noch etwas von diesem Mr. Hopworthy gehört?"

„Sprich nicht mit mir über ihn!" erwiderte Clara und wurde trübe. „Als Jack in seinem Hotel anrief, um eine Karte zu hinterlassen, hatte er die Frechheit, draußen zu sein. Stellen Sie sich vor, wir hätten ihm fast Weintrauben geschickt!"

„Aber –" begann Mrs. Penfield.

Pierre war an der Tür; Eine Hand hinter ihm hielt das Orchester in Schach.

„Madame ist bedient", formte er seine Lippen, um zu sagen, aber als er „Madame" erreicht hatte, wurde er von jemandem ausgelöscht, der eilig eintrat – ein großer junger Mann mit zu üppigem Haar und Zähnen, aber ansonsten zulässig.

Der Neuankömmling hielt inne, sondierte sozusagen die Wirtin und ging mit ausgestreckter Hand auf sie zu. Offensichtlich handelte es sich um einen dieser amüsanten kleinen Vorfälle, die man „contretemps" nennt und die oft passieren, wenn die Vordertüren sehr ähnlich sind und die Leute auf der linken Seite seltsame Bekannte haben.

„Ich vertraue darauf, dass ich nicht zu spät komme", begann der Patzer sofort. „Es war so nett von dir, an mich zu denken; so bezaubernd, so entzückend." Seine Augen waren dunkel und scharf, sein breiter, offener Mund, der weniger Worte auszusprechen schien, als vielmehr Worte zu formen, machte den Eindruck erstaunlicher produktiver Kraft, und Clara war froh, dass er es tat, obwohl sie ihr Mitgeschöpf leid tat, das zu roher Aufklärung verurteilt war kein Element in ihrem wohlgeordneten kleinen Abendessen zu sein. Doch während ihre Gäste warteten, flatterte sie leicht ungeduldig mit ihrem Fächer. Der andere ging unaufmerksam weiter.

„Man kann kaum sagen, dass man sich über eine verletzte Nachricht freut, aber ich versichere Ihnen, meine liebe Frau Fessenden, nichts weniger als ein schwerer Unfall –"

Wo hatte sie diese Formel vorher hingestellt?

„Oh, Herr Hopworthy!" Sie antwortete mit einem Lächeln, einem automatischen Lächeln, das sich selbst regulierte und anpasste, wie der folgende Satz: „Ich bin so froh, dass Sie kommen konnten." Und als sie sich an ihren Mann wandte, verkündete sie, zu freundlich, um ihren Geisteszustand im Zweifel zu lassen:

„Jack, hier ist Mr. Hopworthy, der alte Freund Ihrer Tante."

Mit ihren Augen fügte sie hinzu:

„Unhold, sieh dir deine Arbeit an!"

Jack ergriff die Hand des Fremden und drückte sie warm.

„Ich bin froh, dass du wieder draußen bist", sagte er. „Jetzt erzählen Sie meiner Frau, wie Sie Tante Bates verlassen haben." Und als er dies sagte, ging er rückwärts zur Tür, denn gelegentlich konnte er einfallsreich sein. Als er zwei Minuten später wieder auftauchte, war sein Gesicht von einem Lächeln umhüllt.

„Es ist alles ruhig", flüsterte er seiner Frau zu. „Sie haben sich an einem anderen Ort an Ihrem Ende gedrängt. Wir werden das Beste daraus machen."

Vielleicht kam Clara der Gedanke, dass sich an ihrem Ende oft Dinge drängten, aus denen man das Beste machen musste, aber sie hatte keine Zeit, es zu sagen, denn Pierre war wieder zu sich selbst gekommen – Madame war bedient.

Jack führte natürlich mit der funkelnden Mrs. Ballington, der sich rundweg geweigert hatte, die Gräfin aufzunehmen. Jacks Standpunkt war immer männlich und oft elementar.

Die Gräfin folgte mit einem Mr. Walker, der Eier sammelte und vermutlich auf See geboren wurde, was ihn in gewisser Weise interessant machte. Dann kam Maude Penfield vor Lena Livingston, entsprechend der Tonnage der Yachten ihrer Ehemänner. Tatsächlich lieferte die ganze Prozession in jedem Rang einen neuen Beweis für Claras wohlwollende Rücksichtnahme. Für sich selbst hatte sie nicht nur das Außergewöhnliche, sondern durch das perverse Schicksal noch etwas anderes.

„Mr. Hopworthy", erklärte sie und brachte beide Grübchen ins Spiel, „ein sehr charmantes Mädchen hat uns enttäuscht. Ich hoffe, es macht Ihnen nichts aus, zu dritt nebeneinander zu gehen."

Claras Unwahrheiten wurden nie kompromittiert. Wenn es ihnen gesagt werden sollte, sagte sie es ihnen, wobei sie es verachtete, ihre Punktzahl durch Ausflüchte makellos zu halten. „Obwohl der Recording Angel streng sein mag", sagte sie oft mit kindlichem Glauben, „bin ich überzeugt, dass er wohlerzogen ist."

Das angenehme Geschwätz um die Essenskarten endete, wie es sich gehörte, damit, dass jeder Gast der nächste war, der am meisten gewünscht wurde – jeder Gast, aber nicht die Gastgeberin. Denn nachdem Jacks Einfallsreichtum den zusätzlichen Platz erreicht hatte, endete er jäh, und seine Neuordnung der Karten, die zufällig geschehen war, hatte den Gesandten zu Claras Linken gebracht und Mr. Hopworthy den Ehrensitz gegeben.

Clara zögerte einen Moment und hoffte wider alle Hoffnung, dass jemand krank werden würde, auf fast alles, was eine Gelegenheit für einen Kartenwechsel bieten könnte. Doch während sie im Zweifel stand, setzte sich der Diplomat höchst diplomatisch. Hinter ihm zog die Gräfin bereits ihre Handschuhe aus, als wären sie Strümpfe, und weiter vorne schien der zur See geborene Herr erfreut darüber zu sein, dass sein Brötchen einem Ei ähnelte.

Es war eine dieser nicht aufgezeichneten Tragödien, die nur Frauen kennen. Das Versagen eines Mannes hinterlässt Ruinen, die Zeugnis für seine Bemühungen ablegen; Das Spinnwebengebäude einer Frau fällt ohne große Aufregung zusammen, egal wie viel Mühe es auch gekostet hat, es zu errichten.

„Ich habe Ihnen diesen Sitzplatz gegeben", sagte Clara voller Zuversicht zu dem Diplomaten, „weil das Fenster auf der anderen Seite einen perfekten Luftzug hereinlässt."

„Ein überaus freundlicher Entwurf, der mich meiner Gastgeberin näher bringen wird", antwortete er viel zu höflich, als dass er nicht schon früher so etwas gesagt hätte.

Glücklicherweise schätzten sowohl der Gesandte als auch die Gräfin Austern, und bevor die Suppe kam, konnte Clara, äußerlich wieder sie selbst, ihrem unwillkommenen Gast ein lächelndes Gesicht zuwenden. Aber Mr. Hopworthy beugte sich zu Maude, die sehr amüsiert schien. Das galt auch für den Mann zwischen ihnen und mehrere andere.

Er hatte bereits begonnen, auffällig zu werden. Menschen mit breitem Mund machen immer auf sich aufmerksam. Sie hatte das Gefühl, dass Maude sich über ihr Unbehagen freute. Sie erkannte dies in jeder Note von Maudes gut moduliertem Lachen, und wenn ein Becherwechsel mit dem Fremden sicher zu florentinischen Ergebnissen geführt hätte, wäre Clara einer schrecklichen Versuchung ausgesetzt gewesen. So fragte sie den Gesandten, ob er die Automobilausstellung gesehen habe.

Das hatte er, und zum Glück war Maschinerie sein Lieblingsthema, ein sicheres Thema, das wenig Anlass für Diskussionen ließ. Von der Maschine geht man in bestimmten Schritten zu den dadurch geschaffenen Dingen, Seide, Schuhen und Büchern, und gelangt schließlich, wie Clara, zu Silberwaren und Juwelen, Perlen und Smaragden. Und hier brach die Gräfin ein, die der Sumpfschildkröte misstraute.

Sie hatte einen Smaragd gekannt, der größer als ein Ei war – Mr. Walker blickte hoffnungsvoll auf. Es war vom Königshaus der Schönheit zu Füßen gelegt worden – Mr. Walker, der gerade sprechen wollte, fasste seine Recherchen zusammen und die Gräfin hielt das Wort.

Sie trug ein Armband, das ihr ein Potentat, dessen Titel auf Schnupftabak hindeutete, als Belohnung für seine große Hingabe an seine Sache geschenkt hatte, und ihre Ausstellung nahm einen Kurs ein.

Währenddessen hörte die Gastgeberin wie mit astralen Ohren Bruchstücke der Gespräche rund um sie.

„Und glauben Sie das wirklich, Mr. Hopworthy?"

„Oh, Mr. Hopworthy, waren Sie tatsächlich dort?"

„Bitte teilen Sie uns Ihre Meinung mit –"

Offensichtlich wurde der Bekannte von Jacks Tante herausgelockt, ermutigt, sich zur Schau zu stellen, und tatsächlich wurde er zum Hintern gemacht! Dies geschah, weil sie Maude Penfield ins Vertrauen zogen. In Maude gab es immer einen Anflug von etwas, das nicht gerade schön war. Als Clara mit ihrem geistigen Auge sah, wie sich der breite Hopworth-Mund aktiv betätigte, hatte sie das Gefühl – der weibliche Instinkt ist in solchen Angelegenheiten unfehlbar –, dass Butler Penfield jeden Satz für zukünftige Vergeltungsmaßnahmen im Club schätzte und Lena Livingston, die nie lachte, hat gelacht. Denn auch wenn Ausländer oft langweilig sind, haben sie doch zumindest keinen überheblichen Sinn für Humor.

„Meinen Stierorden erhielt ich mit sechsundzwanzig", erzählte der Gesandte, und obwohl die Geschichte lang war, hörte Clara dem Ganzen mit schwimmenden Augen zu.

„Diplomatie ist voller Intrigen wie ein Ei voll Fleisch", endete es, und wieder blickte Mr. Walker hoffnungsvoll auf.

Wieder zwang sich die Gastgeberin, sich scheinbar aufmerksam nach rechts zu drehen. Aber Mr. Hopworthy schien das Zugeständnis nicht zu bemerken. Er schien nichts zu bemerken. Er hielt eine Ansprache, tatsächlich hielt er eine Ansprache, ohne zu bemerken, dass alle im Hörbereich seiner hallenden Stimme ihn mit offenem Spott betrachteten. Jack in der Ferne, zu weit entfernt, um die Wahrheit zu erfassen, zeigte seine übliche Gleichgültigkeit, denn Jacks Ideale würden befriedigt, wenn die Leute an seinem Tisch nur genug aßen und redeten. Und vielleicht war es auch so, dass Jack es nicht verstand.

„Zur Veranschaulichung", sagte der Redner – stellen Sie sich einen Mann vor, der „zur Veranschaulichung" sagt. „Dieser Wein ist, wie wir sagen könnten, dyophysitisch" – hier hielt Mr. Hopworthy sein Glas hoch und sah sich skurril um – „von doppelten Möglichkeiten besessen, in denen Keime absoluter Antipathien stecken ..." Sogar Jack, hätte er es hören können, musste sich darüber geärgert haben der Hinweis auf Keime in seinem Champagner.

„Vielleicht hätten Sie lieber etwas Burgunder zu Ihrer Ente", schlug Frau vor. Fessenden mit heldenhafter Tapferkeit, und Mr. Hopworthy stoppte sofort seinen Gedankengang.

„Ja, Madam", erwiderte er, „da erleben Sie eine alte Kontroverse noch einmal."

„Ich bin sicher, das hatte ich nicht vor", sagte Clara bedauernd und Mr. Hopworthy lächelte sein offenstes Lächeln.

„Eine Kontroverse", meinte Lena Livingston, „wie seltsam!"

„Das war es tatsächlich", stimmte Mr. Hopworthy zu und fuhr fort: „Wie Sie wissen, führten die Dichter von Reims und Beaune einst einen Verskrieg um die jeweiligen Ansprüche des blonden Weins und der Brünetten, und so erbitterte sich der Kampf." dass mehrere Provinzen zu den Waffen zogen und Ludwig der Vierzehnte gezwungen war, in den Krieg zu ziehen, um den Frieden zu wahren.

Es war pure Bosheit von Maude, ein so ausgeprägtes Interesse an einer so absurden Aussage zu zeigen, und im Übrigen war es teuflisch, Mr. Hopworthy zu ermutigen. Selbst der hartnäckigste Redner verstummt rechtzeitig, wenn niemand zuhört.

„Oh, Mr. Hop – Hop – Hopgood", rief die Gräfin, „wenn Sie ein Gelehrter sind, kennen Sie vielleicht meinen Axel!"

„Und hast du deine Achse zum Patent angemeldet?" fragte der Diplomat, dessen Gedanken sich wieder der Mechanik zuwandten.

Die Gräfin beschenkte ihn mit einem Blick durch ihre Lorgnetten – ein Geschenk des verbannten Königs von Kreta – und brachte sofort ihre Tasche und ihr Gepäck in das feindliche Lager. Denn natürlich war Mr. Hopworthy der junge Graf Axel bekannt, oder er erklärte es zumindest.

„Bitte erzählen Sie mir, wie Sie Ihren Stierorden gewonnen haben", sagte Clara zu dem Diplomaten, ihrer einzigen verbleibenden Hoffnung.

„Ich glaube, das habe ich gerade erwähnt", antwortete er und das Gespräch endete.

Und so ging das Abendessen zu Ende, eine düstere Abfolge zerstörter Triumphe. Als Clara nach ein oder zwei Äonen das Signal zum Rückzug gab, suchte sie ihr eigenes Spiegelbild im Glas, um sicherzustellen, dass ihr Haar immer noch sein normales Braun hatte.

„Clara", sagte Frau. Penfield, als die Damen allein waren, „hätten Sie uns zumindest vorwarnen können, wen wir treffen sollten."

Frau. Fessenden richtete sich auf. Ihr Atem ging schnell, ihre Augen leuchteten und sie hatte fast die Grenze der Nachsicht gegenüber Maude erreicht.

„Mrs. Penfield …", begann sie würdevoll, aber Maude unterbrach sie.

„Ich muss ein Baby gewesen sein, um den Namen nicht erkannt zu haben."

Clara zögerte und stoppte das Wort auf ihren Lippen, denn für ihre frühere Freundin bedeutete unelegant zu sein, aufrichtig zu sein.

„Ich verstehe nicht", ersetzte sie vorsichtig.

„Wenn ich daran denke, meine Liebe, bist du der Erste von uns, der Horace Hopworthy gefangen genommen und es mir vorenthalten hat!" rief Maude.

„Ich habe sicher erwähnt, dass wir hofften, ihn zu haben", murmelte Frau. Fessenden.

„Es war so nett von dir, uns so eine Überraschung zu bereiten, es war wirklich entzückend", sagte Lena Livingston.

„Ihr Haus ist immer ein Joppa für erfolgreiche Genies", erklärte Frau Ballington: „Oder ist es Mekka? Ich habe vergessen, welches. Woher wussten Sie, dass er in der Stadt war?"

„Jacks Verwandte in Boston schicken uns immer die charmantesten Leute mit Briefen", antwortete Clara. „Sollen wir auf dem Balkon Kaffee trinken? Die Männer lachen, also können wir uns hier im Raucherzimmer nicht entspannt unterhalten."

Später – eine Stunde später – als die letzte Wagentür zugeschlagen war, zündete sich Jack eine Zigarette an und sagte:

„Dieser Hoppy-Typ schien einen Volltreffer zu landen."

Clara gähnte.

„Ja, er war eine ziemlich glückliche Entdeckung", sagte sie, „aber, Jack, wir sollten wirklich eine Literaturzeitschrift nehmen."

DER MANN OHNE RENTE

Er war ein eleganter kleiner Mann mit einem grauen Spitzbart und trug Knickerbocker und rostrote Jagdgamaschen, fast neu. Auf seinem Kopf saß ein flotter Alpenhut, und während er seinen vorsichtigen Weg am Rand des Canyons entlang fortsetzte, kann man sich kaum vorstellen, dass jemand weniger mit seiner Umgebung vertraut war. Er schien sich des Weges nicht sicher zu sein, misstrauisch gegenüber sich selbst oder nicht an die Bergatmosphäre gewöhnt, denn auf den letzten hundert Metern um das Lager herum blieb er alle Dutzend Schritte stehen, um zu lauschen oder zu Atem zu kommen.

Außer dem Stöhnen der Kiefern war nirgends ein Laut zu hören, und außer dem ständigen Zittern im Espenunterholz war keine Bewegung zu hören. Die größeren Bäume trafen sich oberhalb des Canyons fast; der Kleinere klammerte sich an seinen Rand und lehnte sich weit hinaus, um die Sonne einzufangen und zerbrochene Lichter und Farben weit unten ins Wasser zu schicken. Im Gegensatz zur beständigen Dämmerung und grenzenlosen Einsamkeit des Waldes schien die Wiese, auf der die Zelte aufgeschlagen waren, vor Licht zu strahlen, und die drei kleinen Schutzhütten nahmen die Bedeutung einer Siedlung an, deren sichtbare Bewohner aus einem Paar besessener Bergelstern bestanden ein müßiger Forschergeist.

Der kleine Mann hustete mit einem trockenen, unzureichenden Husten, um seine Annäherung anzukündigen, während sein Fuß einen Kieselstein löste, der die Schlucht hinunterrasselte und die Elstern in gespielter Angst in die Baumwipfel schickte. Unter dem Schutz seiner Hand warf er einen Blick über das Lager, das die wenigen unwichtigen Einzelheiten beherrschte; Zwei Zelte, weit offen zur Luft, boten einfache Schlafräume für ein halbes Dutzend Männer, grobe Decken bedeckten Haufen von Zweigen und Kiefernnadeln, das Nötigste eines Biwaks. Das dritte Zelt war geschlossen.

Sichtlich ratlos blieb der Besucher stehen. Hätte ihn jemand beobachtet, etwa hinter der zerschlissenen Plane des geschlossenen Zeltes, hätte er wie ein nervöser, ängstlicher kleiner Mann gewirkt. Es ertönte ein Geräusch, das wie ein spöttisches Lachen oder von einer Elster in den Bäumen hätte sein können. Der Besucher zuckte zusammen und ballte die Hände, als wollte er Mut zusammennehmen. Dann rief er laut wie jemand, der herausfordert: „Ist hier jemand?"

Die Stimme war für einen so kleinen Körper resonant, und die Echos fingen das letzte Wort eifrig auf und fühlten es zurück, klar aus der Schlucht, schwach von dort, wo die Schneegipfel das Blau schnitten, tief aus der Mulde des Holzes. "Hier hier!" als ob eine zerstreute Armee auf einen Appell antwortete. Sofort folgte ein weiteres und lauteres „Hier!" eindeutig kein Echo, sondern ein barsches, unfreundliches Lachen.

Die Vielzahl der Antworten muss den Fremden verwirrt haben, denn er blickte fast dumm überall um sich herum, außer in Richtung des einzig möglichen Verstecks. Es bedurfte eines zweiten spöttischen Lachens, um ihn zu dem Zelt zu führen, dessen halbgeschlossene Klappe den einzigen Wächter des Lagers verbarg, einen Mann, der so groß war, dass er in seinem kleinen Unterschlupf den Eindruck eines großen Tieres machte, das unzureichend eingesperrt oder in einer Falle steckte. Sein schwarzes Haar reicht bis unter die Ohren; Sein Kiefer war durch eine Laune der Fantasie von einem dicken, quadratisch geschnittenen Bart verdeckt, der an die geschnitzten Bärte assyrischer Bestien mit Menschenköpfen erinnerte.

„Ähem! Ich bitte um Verzeihung", begann der kleine Mann nach einem weiteren Husten.

"Was willst du?" erwiderte den anderen, ohne aufzublicken. Er beugte sich über eine Blechpfanne mit Teig und knetete das gefaltete Zeug fast heftig, mit roten Knöcheln und sehnigen Unterarmen.

„Mein Name", antwortete der Besucher, „ist Sands – Professor Sands von der Charbridge University."

Der Mann im Zelt rollte seinen Teig zu einer Kanonenkugel und hielt sie auf Armeslänge hoch. „Sands", wiederholte er. „Charbridge-Universität?" Und indem er mit der Handfläche auf den Teig klopfte, als würde er sich über einen Witz freuen, fügte er hinzu: „Na, sehen Sie sich das an!"

Er wischte sich die Hände an einem Streifen Sackleinen ab, der ihm als Schürze diente, und musterte den Neuankömmling aufmerksam. „Wie bist du jemals alleine so weit von zu Hause weggekommen?" fragte er mit offener Unverschämtheit. Eine genauere Betrachtung seines Gesichts zeigte unpassende Rottöne an den Haarwurzeln und am Bart sowie eine lange Narbe auf der linken Wange.

„Ich bin mit unserer geologischen Expedition verbunden", erklärte Professor Sands kurz und bündig. „Wir campen im Tal, und heute Morgen habe ich es gewagt, den Canyon auf eigene Faust zu erkunden, und wurde weiter in Versuchung geführt, als ich beabsichtigt hatte."

Der große Mann legte seine Hände auf seine Oberschenkel und lehnte sich gegen die Zeltstange. "Das war's?" kommentierte er herablassend. „Nun, wenn ich du wäre, würde ich beim Lager bleiben und nicht im Wald umherstreifen, wo du dich verlaufen könntest."

„Ganz richtig", stimmte der kleine Mann bereitwillig zu; „Aber mir wurde gesagt, dass ich sicher irgendwo im Cañon auf die Eisenbahnvermessung stoßen würde, und ich habe mich von Ihren Einsätzen leiten lassen. Die Ingenieure arbeiten zweifellos irgendwo in der Nähe?" „Fügte er hinzu und nahm seinen Hut ab, um seinen Kopf mit den dünnen grauen Haaren zu kühlen.

Der andere spuckte aus und musterte seinen Besucher mit amüsierter Verachtung. „Wir legen keine Eisenbahnen an, während wir am Feuer sitzen", erklärte er freiwillig. „Die Jungs arbeiten in der Nähe der Waldgrenze und werden erst im Dunkeln zurück sein, und der Fuhrmann ist nach Freedom City gefahren, um noch mehr zu essen."

"Ah!" bemerkte der Wissenschaftler. „Dann sind wir ganz allein. Ich werde mich ein wenig ausruhen, wenn ich darf."

Er legte einen Armeerucksack, den er um die Schulter gehängt hatte, auf einem flachen Felsbrocken direkt vor der Zelttür ab und setzte sich daneben. „Meine geologischen Proben sind ziemlich schwer", fuhr er fort und schwenkte die Stirn. „Mit Ihrer Erlaubnis würde ich sie gerne kennzeichnen, bevor ich ihre Identität vergesse."

Der andere, die Hände in den Taschen seines Overalles, machte einen gebückten Schritt und versuchte nicht, den Inhalt des Sacks zu übersehen, als er auftauchte – einen kleinen Sortierhammer aus Stahl, einen Haufen zerbrochener Schwimmerstücke und eine große Flasche mit einem silbernen Deckel. Mit müßigem Interesse, gemischt mit Verachtung, beobachtete er, wie der Geologe seine Proben sortierte – für das Handwerk, das er nicht verstand, für das makellose Taschentuch, für die körperliche Schwäche des Mannes selbst.

„Ich nehme an, das ist eine Art Säure, die du in deiner Flasche hast?" er spekulierte derzeit.

„Ich verlange Verzeihung?" fragte der Professor, vertieft in seine Arbeit; Dann fügte er hinzu, als ihm die Bedeutung der Frage klar wurde: „Ah, die Flasche? Nein, die enthält Whisky. Für den Fall eines Unfalls habe ich immer einen Vorrat dabei." Leise pfeifend markierte er ein weiteres Exemplar und ignorierte dabei die Annäherung seines Gastgebers.

„Partner", schlug dieser vor, „wenn du etwas essen möchtest, musst du es nur sagen. Das sind Bergmanieren."

Der Professor blickte jetzt mit einer seltsamen Absicht auf; Zweifellos waren seine Gedanken immer noch bei seinen Exemplaren. „Sie sind sicher sehr nett", antwortete er höflich; „Aber ich habe schon mit meinen Sandwiches zu Mittag gegessen. Vielen Dank, Herr …" Er hielt inne, um einen Namen zu nennen.

Der andere kicherte über die neu gefundene Freundschaft. „Sie brauchen ‚Mister' mich nicht", sagte er. „Ich bin Budd, Jim Budd der Scorcher, und wenn irgendjemand im Lager mein Essen nicht mag, hat er das Privileg, hungern zu müssen."

„Ah, hör auf damit, hör auf damit", erwiderte der Wissenschaftler. „Ich bin mir sehr sicher, dass Sie ausgezeichnet kochen."

„Das sagen mir die Jungs", erwiderte der Scorcher; „Aber durch Blut! Ich habe sie erzogen. Ich werde ihnen nur Kekse zum Aufziehen geben, und dann bekommen wir eine Katze." Er betrat das Zelt wieder, merklich hinkend, und aus dem Inneren war seine Stimme zu hören, vermischt mit dem Klappern von Utensilien, die alles um ihn herum blasphemisch anprangerten. Während dieser Explosion führte der Wissenschaftler aus Charbridge ein eher einzigartiges Experiment durch.

Er erhob sich, und nach einem vorsichtigen Blick hinter sich kroch er zum Rand des Abgrunds, schaute in das Wasser hinunter, das weit unten über zerklüftete Felsen wirbelte, und zog einen Grasnarbendraht hoch, ließ ihn fallen und sah zu, wie er versank und wieder auftauchte einzelne Strohhalme, die kreisten und wieder sanken. Als das erledigt war, wandte er sich wieder seinen Exemplaren zu.

Der schmähende Ton des Scorcher hatte sich inzwischen in einen unmelodischen Gesang verwandelt, der in seiner Kadenz kaum weniger rachsüchtig war:

Der alte John Rogers wurde auf dem Scheiterhaufen verbrannt;

Seine arme Frau weinte, bis ihr das Herz brach!

Er sang, und das zuhörende Gesicht des Professors nahm einen Ausdruck an, der nicht zu dem bedeutungslosen Doggerel passte, dem Blick von jemandem, der auf einen unaufhaltsamen Ruf reagiert.

„Bis ihr das Herz brach!"", murmelte er. Aber als Budd wieder auftauchte, fragte er nur, ob er sich für Geologie interessiere.

„Das bin ich, wenn es die Sorte ist, die Silber enthält", antwortete der Koch.

„In Sandsteinformationen sucht man nicht nach Silber", erklärte der Professor.

„Willst du mir sagen, dass der Allmächtige kein Silber in diesen roten Felsen stecken konnte?" fragte Jim von dem Stein aus, auf dem er selbst gesessen hatte.

„Nein", antwortete der Professor zurückhaltend, „ich sage nur, dass er es nicht getan hat. Hier ist jedoch ein Stück Quarz –"

"Sagen!" unterbrach ihn der Koch. „Das Exemplar, das Sie in dieser Flasche haben, interessiert mich viel mehr." Er starrte auf den polierten Deckel der Flasche.

„In der Tat, oder?" der andere lächelte ein tolerantes Lächeln. „Dann erweisen Sie mir vielleicht die Ehre –"

Ohne weitere Aufforderung ergriff Budd die Flasche und führte sie an die Lippen. Er trank, wie Sterbende Wasser trinken, und als er aus Atemnot innehielt, war sein Gesicht bis auf die weiße Narbe stolz. Als er die Flasche absenkte, bemerkte er die seltsam starre Gaze des Professors und zappelte unruhig davor.

„Sagen Sie, Partner", wandte er ein, „Ihr Whisky ist in Ordnung; aber ich bin hungrig, wenn mir Ihr Auge gefällt! Bei Blut! Es geht mir zuwider!"

„Ich bitte um Verzeihung", sagte der Professor ohne seinen Blick zu warnen. „Ich habe die Angewohnheit, genau zu beobachten. Und", er reichte ihm erneut die Flasche, „je mehr du davon trinkst, desto weniger muss ich nach Hause tragen."

Budd goss eine großzügige Portion in einen Blechbecher und starrte nachdenklich auf den hellen Deckel. Seine nächste Bemerkung, gemildert durch Whisky, war von freundlicher Offenheit. „Sag mal! Wenn ich dich überfallen hätte, wie ich es mir vorgenommen hatte, als du den Weg entlangkamst, dann denk einfach daran, was ich verpasst hätte!"

„Und du hattest also Lust, mich vorbeizuschicken?" fragte der andere. "Darf ich fragen warum?" Nachdem er seine Schilderung beendet hatte, hatte er Zeit, seinen Begleiter noch genauer zu betrachten.

„Es gibt Kerle, die im Holz umherstreifen, für die ich keine Verwendung habe", erklärte der Koch und trank. „Aber dir geht's doch gut! Du hast doch gerade keine Zigarre zur Hand, oder?"

Der Wissenschaftler war gut versorgt, und als der Koch das Ende einer großen schwarzen Zigarre abbiss, seufzte er zufrieden.

„Manchmal erlebe ich das Grauen", erklärte er. „Ich werde so gruselig wie ein Waldkaninchen. Diese zitternden Natter reichen jedenfalls aus, um einen Kerl in den Wahnsinn zu treiben."

„In solchen Fällen gibt es nichts Besseres als ein wenig Whisky", bemerkte der Professor und füllte den ausgestreckten Becher.

„Wenn das so weitergeht, besteht die Gefahr, dass einer von uns betrunken wird", bemerkte Budd. „Das ist eine praktische Flasche von dir. Kommst du den ganzen Weg aus New York?"

„Aus Richmond, glaube ich", antwortete der andere. „Mein Bruder fand es auf einem Schlachtfeld und fühlte sich darin wie zu Hause."

„Ich nehme an, du warst nicht selbst da", kicherte der Scorcher.

„Nein", sagte Professor Sands. „Ich war damals in einem schlechten Gesundheitszustand."

„Das ging vielen anderen auch", höhnte Budd. „Mir ging es nicht gerade gut, aber ich blieb dabei, bis sie mich ins Bein schlugen – die Hunde! – und mich aus dem Geschäft warfen."

„Natürlich beziehen Sie eine Rente", wagte der Professor.

„Nein", sagte der Koch, „ich habe nie um keine Rente gebeten. Sie haben fast jedem Kerl, der bei Kriegsausbruch nicht tot war, eine Rente gegeben, aber es wurde noch kein Gesetz verabschiedet, das mich aufgenommen hätte." ."

"In der Tat?" Sein Zuhörer war höflich aufmerksam.

„Ja, das ist die Wahrheit", fuhr der Koch fort. „Ich erkläre, dass ich mich wirklich dämlich oder dämlich oder so fühle. Sie haben jeden Schlagmann, der mit einem Rucksack voller Rebellenuhren zurückkam, in Rente geschickt, aber den alten Jim haben sie weggelassen. Er trägt keine Medaillen; er führt am Tag der Ehrendeko keine Parade durch." um Posen zu verstreuen; er bekommt kein Freibier, während die Band ‚Georgia‘ spielt – ‚Hurra für die Flagge, die uns frei macht!‘", sang er heiser. „Hurra für den Teufel! Das sage ich. Hurra für den Mann ohne Rente!"

„Sie interessieren mich", warf Professor Sands ein.

„Ach ja?" rief der Koch. „Beim Blut! Ich hätte fast Lust, dich mehr zu interessieren. Aber sieh mich nicht so an – ich sage dir, ich mag dein Auge nicht!" Er versuchte, sich vor dieser unbewegten Gaze zu schützen. „Sie sind interessiert, nicht wahr? Sie möchten meinen Fall Ihren einflussreichen Freunden im Osten vortragen? Sie mit Ihrer kleinen Tüte Steine, Ihrem kleinen Hammer und Ihren Handschuhen! Haben Sie jemals in Ihrem Leben jemanden gesehen, der ... Ist es kein vernickelter Engel? Sind Sie jemals einem echten, lebenden Schurken aus einer Zeitung begegnet? Haben Sie jemals einen Mann gesehen, der in einer Siedlung bei Tageslicht sein Gesicht nicht zeigen konnte und irgendeinen Job annehmen musste? Das hat ihn außer Sichtweite gehalten? Ich weiß nicht warum, aber ich muss mir jetzt den

Mund abschießen, wenn es mich hängt. Ich muss plappern oder völlig verrückt werden!"

„Ich verstehe", sagte der Professor.

„Ich war einer von diesen Patrioten", fuhr Budd fort und sprach fast mechanisch, als wäre er hypnotisiert, „die sich für den Boodle angemeldet haben und dann abgesprungen sind, um woanders für die Sache zu sorgen."

„Eigentlich ein Kopfgeldspringer", warf sein Zuhörer ein.

„Ja", stimmte der Koch zu, „das war ich. Sie zahlten dreihundert Goldstücke dafür, dass geeignete Männer nach Süden gingen und Kugeln abwehrten, und das war besser als die Einberufung, also bin ich beigetreten. Oh, das waren tolle alte Zeiten, tolle alte Zeiten!"

„Wie lange waren Sie im Dienst?"

„Etwa anderthalb Stunden beim ersten Mal", antwortete Budd. „Es geschah in New York, und als ich die Liste unterschrieben hatte, wurde ich einem Trupp zugeteilt, der irgendwohin marschieren sollte, um unsere Uniformen zu holen. Der Sergeant war ein großer Kerl, grüner als Spinat, der vor einer Woche aus Maine hierhergekommen war und wusste nicht mehr über New York, als ein Bullenkalb über das Neue Jerusalem weiß; aber er machte einen Bluff und bat den Burschen neben mir, dessen Name Butch war, ihm an jeder Ecke Punkte zu geben. Nun ja, Butch wies ihn an, und Seine Spitzen befahlen weiterhin „Spalte links!" und „Spalte rechts!" bis wir in den schwierigsten Bezirk kamen – Gaswerke und Holzplätze und so weiter. Ich kannte das Spiel nicht, aber ich fiel schnell darauf ein, als Butch flüsternd sagte: „Hier ist unsere Chance!" Und es war zufällig die schönste Chance, die ein Anfänger jemals hatte. Wissen Sie, in jenen Tagen, als es in der Nähe eines Feuers brannte, war jeder willkommen, sich festzuhalten und beim Ziehen der Maschine zu helfen, und es gab immer eine Menschenmenge, die vorbeikam und brüllte und die Aufregung aufrechterhalten. Nun ja, das ist die Art von Truppe, mit der wir es zu tun haben. Sie füllten die ganze Straße, schrien und drängten, und ein Kerl musste sich entweder umdrehen und mit ihnen rennen, oder er wurde niedergeschlagen. Ich blieb nicht stehen Sehen Sie, was aus der Balance der Truppe wurde. Ich lief wie ein Hase eine Straße hinauf und eine andere hinunter, bis ich mich vor einer Fähre befand. Ich bezahlte mein Fahrgeld und überquerte den Fluss, nur um eine Chance zum Nachdenken zu bekommen ."

„Ganz richtig", sagte der Professor mitfühlend.

„Ich habe es nie böse gemeint", protestierte der Koch – „damals schon nicht. Es hätte wenig Sinn gemacht, zurückzugehen, besonders wenn es in Jersey City noch andere Rekrutierungsbüros gab. Ich habe noch dreihundert

bekommen, aber meine neue." Die Kleidung von Sojer war verdorben, als
ich in der Nacht vor unserer Abreise im Dunkeln vom Transporter fiel und
ertrank. Oh, das war damals ganz einfach, bevor sich viele Dummköpfe in
das Geschäft stürzten. Aber nach einer Weile wurde es so schlimm, dass wir
Profis mussten sich von Städten fernhalten und auf den Landsendern spielen
– Bürgerkomitees, Frauenhilfsvereine und den Ersatzschläger. Manchmal
spielte ich den Bauernjungen mit Rindslederstiefeln und Heusamen im Haar
und erzählte von der Hypothek auf das alte Anwesen , und das Kind, das
erwartet wurde; und es gab nichts, was sie nicht getan hätten, damit ich es
den Leuten bequem machen konnte, als ich in den Krieg zog. Oh, das waren
tolle Zeiten. An einem Tag, am nächsten wieder raus!"

„Und – und war es so einfach, rauszukommen?" fragte sein Zuhörer.

„Nicht ganz", gab Budd zu; „aber ziemlich nah dran. Sagen wir, du wärst in
einem Ausbildungslager; dann könnte es ein Pass oder eine Kleinigkeit für
den Wachposten sein, oder ein Ziegelschläger im Dunkeln, wenn du gerade
werfen könntest. Ich habe einem Kerl fünfzig gegeben, damit er mich lassen
kann Einmal durch, und dann hat mich der Idiot erwischt, der tiefste
Schleicher! Aber ich habe mich später mit ihm abgefunden. Also marschierte
ich aus Philadelphia heraus, mit der Musikkapelle, den Frauen, die weinten,
und den Männern, die zu heikel waren, um selbst zu singen „Gott segne euch,
Jungs!" Ich sage Ihnen was, Professor, für einen Moment wünschte ich mir
fast, ich würde ehrlich spielen."

„Ein vorübergehendes Gefühl, da bin ich mir sicher", sagte der Geologe.

"Sicher!" rief Budd, erfreut über das Mitgefühl seines Zuhörers. „Ich möchte
das Gefühl sehen, das anhält, wenn man ein paar Nächte im Regen Schanzen
baut. Wie könnte ich es ändern, wenn mir die Spitzhacke aus der Hand fliegt
und ihn direkt hinters Ohr trifft, wenn ich dem Wachtposten den Rücken
zukehre? „Es war derselbe Kerl, der mein Spiel in der Woche zuvor blockiert
hatte."

"Gut!" lachte der Professor.

„Er ist umgefallen", fuhr der Koch fort, „und das war alles, was ich wollte.
Ich zündete mich an und lag in Scheunen und Maiskörnern herum, ernährte
mich von rohen Karotten und den Eiern, die ich im Stroh fand, bis ich
vermutete, dass sie müde sein mussten." Ich suchte nach mir, und dann
kroch ich eines frühen Morgens hinaus und erschreckte eine alte schwarze
Tante, die gerade Hühner fütterte, in Anfälle. Aber ich schätze, ich war nicht
der erste seltsame Vogel, den sie in diesem Sommer gesehen hatte, denn sie
fütterte mich, und An diesem Abend führte sie mich zu einem Freund von
ihr, der in der Bekleidungsbranche tätig war und an kleinen Tauschabenden

teilnahm. Er verlangte hundert für einen gebrauchten Anzug und zwanzig für einen Haarschnitt und eine Rasur – wir Rekruten stritten uns nie über Kleinigkeiten – und schickte mich zurück nach Pennsylvania. Aber vielleicht werden Sie es nicht glauben – zu diesem Zeitpunkt hatte ich schon die Nerven verloren. Ich hatte das Gefühl, dass jeder Mann, der in meine Richtung schaute, mich ausspionierte. Ich konnte Ich verbringe den Tag nicht mit jemandem, der nicht über Deserteure zu reden scheint. Ich hatte Angst davor, ein Goldstück wechseln zu lassen, denn zu dieser Zeit war alles Gold außer Sichtweite, und nur eines zu haben war verdächtig . Was glaubst du also, was ich getan habe? Ich ging direkt in eine Rekrutierungsstelle und meldete mich an, ohne einen Cent zu bekommen. „Rah für die Flagge!" Ich sage. „Gib mir eine Waffe." Ich will kämpfen.' Das war in Pittsburgh."

Das Erschrecken des Professors war zu gering, um die Erzählung zu unterbrechen, doch seine Wachsamkeit vertiefte sich, wenn möglich; Er beugte sich vor und seine Augen hielten die von Budd fest.

„Ja", fuhr der Koch fort, „in Pittsburgh. Dieselbe alte Band, dieselben alten winkenden Taschentücher, dasselbe alte ‚Gott segne euch, Jungs!' Zuerst dachte ich, es ginge mir gut und es wäre das Gleiche, aber das stimmte nicht. Sie hatten mich zusammen mit vielen anderen entdeckt und bewachten uns wie ein Rudel wilder Tiere, soweit wir rekrutiert waren regelmäßig im 120. Pennsylvania.

„Das 120. Pennsylvania?" wiederholte der Professor langsam.

"Das ist, was ich gesagt habe!" Budd ärgerte sich über die Unterbrechung. „Und ich sage Ihnen, es war keine Art, mit Männern umzugehen. Es müssen vierzig von uns gewesen sein, die in einem Gepäckwagen eingesperrt waren, ohne Licht und Luft, nur mit einer offenen Tür am Ende, und da waren wir Tage und Nächte und …" Auch das war ein harter Haufen! Kopfgeldjäger und Auswechselspieler und eingezogener Lastwagen preschten nach vorn, verfluchten unser Glück und jeder von uns war bereit, bei der ersten Chance davonzulaufen. Ich hielt es aus, bis ich hörte, wie die Kanonen wie eine Sünde brüllten, nicht fünf Meilen entfernt. Sag mal, hast du jemals dieses Geräusch gehört? Hast du jemals eine Waffe gehört, von der du wusstest, dass sie auf echte Männer abgefeuert wurde und sie nach Kingdom Come schickte? Ich habe es einmal gehört, und das war genug. Wir lagen flach auf dem Boden, Seite an Seite, als wären wir schon tot, und neben mir war ein deutsch aussehender Typ, der seit unserem Start betete und fluchte, drehte sich um. Er hätte sich lieber das Gehirn rausgepustet, als das Risiko einzugehen, es jemand anderem für sich tun zu lassen. Er hätte lieber im Alleingang gegen die Unionsarmee gekämpft, als sich noch eine Minute lang die Schüsse anzuhören. Nun, um es kurz zu machen: Er und ich haben einen Plan ausgeheckt."

Der Sprecher hielt den Atem an, um zuzuhören, denn der Wald schien plötzlich voller Geräusche und Bewegung zu sein. Eine Wolke fegte über das Tal des North Fork hinweg, so tief, dass sich Scudfetzen in den obersten Ästen verfingen. Hagel prasselte auf das Drahtgras. Die Zeltvorhänge flatterten geräuschvoll, und im Schatten blitzten die Espenblätter weiß auf, als ob eine gepanzerte Armee aus einem Hinterhalt sprang.

"Mach weiter!" drängte der Professor, und der Koch hob seine kräftige Faust und schüttelte sie trotzig in Richtung des Universums.

„Ich werde es jetzt erzählen", rief er, „und alle Winde, die jemals wehten, werden mich nicht niederschreien! So war es." Er hat gefälscht, und der Professor hat ihn dazu aufgefordert.

„Da liegst du", sagte er und machte eine Geste, um auf die Reihen der zitternden Männer hinzuweisen.

„Da liegen wir", wiederholte Budd dumpf.

„Und da war die Tür", sagte der Professor sanft. Er zeigte auf einen Baum am Rande des Canyons.

"Ja ja!" rief Budd, „da war die Tür. Der Bahnsteig war draußen, und da waren zwei Wachen. Ich sollte zuerst herausspringen – also", sprang er auf – „und den am weitesten entfernten angreifen. Der Holländer sollte den anderen ergreifen." von hinten. Meiner war ein kräftiger junger Kerl.

„Ein beleibter junger Kerl", wiederholte der Professor.

„Ja", und der Koch stand regungslos da, als ob eine Vision vor ihm auftauchte. „Ich kann ihn jetzt vor mir sehen, mit geradem Rücken und knackigem, lockigem braunem Haar."

„Ein bisschen lockig", murmelte der andere.

„Percy, sie haben ihn angerufen", sagte Budd.

„Percy?" wiederholte der Professor. „Bist du sicher, dass es Percy war?"

„Sicher, wie du da sitzt!" rief Budd. „'Halte die Augen offen, Percy, sie sind ein schlimmer Haufen.' Das hat ihm der Korporal gesagt, als er Wache ging. Herr! Aber es war schade!" Er kicherte unerwartet und schwankte auf seinen Füßen.

"Was dann?" fragte der Mann aus Charbridge und erhob sich langsam.

Budd kauerte vor den Augen seines Fragestellers, als hätte er sich umgedreht, als die langen, lautlosen Kanonen dröhnten.

"Nichts!" murmelte er mürrisch. „Nichts, also hilf mir Gott! Ich habe es nicht getan.“

"Du lügst!" erwiderte der kleine Mann leise.

Budd lachte ein törichtes Lachen. „Da liegen wir“, plapperte er, „genau dort, wo dein Fuß ist, ich und der Holländer und der Rest von uns, und hier war die Tür –“

Er taumelte auf die Espe zu und legte eine Hand auf den Stamm, um zu verhindern, dass er herunterfiel. Der Professor folgte ihm und stellte sich dicht dahinter auf.

"Was willst du?" rief Budd und drehte sich in plötzlicher Panik um.

„Um zu erfahren, wie mein Bruder gestorben ist“, antwortete der andere mit kaum bewegten Lippen.

Die Stimme der Kiefern war wie das Grollen eines Eisenbahnzuges; Die Winde dröhnten von der Waldgrenze herab wie Artilleriedonner; Die Hagelkörner schlugen wie Kugeln in die Blätter der Espen ein, und über alles hallte das Lachen von Budd in wahnsinniger Heiterkeit.

Der Professor hielt ihm ständig in die Augen; dann plötzlich: „Stellt die Wache raus!“ er schrie.

„Erstick ihn, du großer holländischer Idiot!“ Budd rief als Antwort zurück, als er mit bloßen Armen mit einem unsichtbaren Gegner kämpfte.

Er mit dem geraden Rücken und den lockigen Haaren war ein kräftiger junger Kerl gewesen, aber als er überrascht wurde, musste der Wettbewerb gegen ihn ausgehen. Einmal, so schien es, hatte er Budd in die Knie gezwungen; einmal hätte er ihn aus dem schaukelnden Auto fast angeschrien; aber sein Rucksack muss ihn behindert haben, ebenso wie seine Muskete und die schwere Patronenhülse. Der Kopfgeldspringer kämpfte schweigend und mit verzweifelter Methode und gewann jeden Moment einen Vorteil; Während eine Hand einen Phantom-Unterarm umklammerte, schloss sich die andere mit mörderischem Griff um eine gespenstische Kehle. Währenddessen stand der Professor mit verschränkten Armen dabei und beobachtete kritisch, hätte man meinen können, unvoreingenommen.

Es war bald vorbei und Budd stand schwer atmend da. Dann-

„Spring um dein Leben!“ befahl der Professor.

Ohne eine Sekunde zu zögern kroch Budd an den Rand des Canyons und spähte nach unten.

"In Ordnung!" er flüsterte. „Auf Wiedersehen, Holländer! Wir sind frei!"

Und mit einem letzten Griff um die Espe schwang er sich über den Rand und ließ sich fallen.

Die Jungen waren so wütend, dass sie kein Abendessen vorfanden, als sie von der Waldgrenze kamen; aber das war nicht überraschend, denn Budd war nie jemand, der lange Bescheid gab, wenn er seine Wohnung wechselte. Und wenn irgendwo auf einem hohen Regal an einer Universität im Osten – übrigens nicht in Charbridge – noch ein Würfel aus rotem Stein mit der Aufschrift „North Fork Cañon" steht, ist das das einzige Denkmal, das noch an den Mann ohne Rente erinnert.

DAS ENDE